Dorica
Lucaci

CHATS
&
CHIENS
QUI ONT FAIT
L'HISTOIRE

Illustrations
Isabelle Fregevu-Claracq

Direction éditoriale : Stéphane Chabenat
Éditrice : Pauline Labbé
Suivi éditorial : Alix Heckendorn
Conception graphique et mise en pages : Pinkart Ltd
Conception couverture : MaGwen

Les Éditions **de l'Opportun**
16 rue Dupetit-Thouars
75003 Paris

www.editionsopportun.com

SOMMAIRE

INTRODUCTION

Voyager dans le temps, voyager à travers le monde, et même au-delà, vers les étoiles. Puis essayer toute la palette des sentiments, de la vénération à l'amour en passant par la haine. Leurs nuances. Leur élévation par l'art, la musique et le mythe.

Vaste programme, impossible à tenir… Je vous entends d'ici.

Et pourtant si, et même sans efforts… Il suffit de vous laisser porter d'une page à l'autre, suivre sagement les chats et les chiens. Ceux d'hier, ceux d'aujourd'hui. Les vôtres, qui sait ?

FORTES FORTUNA JUVAT

GARAMANTES REGEM CANIS…

Pendant toute la haute Antiquité, le chien fut un combattant à part entière. Des peuples moins connus, puisqu'aujourd'hui disparus, comme les Garamantes, qui vivaient au sud de la Libye actuelle, ou bien les Hyrcaniens, établis au nord de la mer Caspienne, ou encore les Magnésiens des rives du Méandre – sur lesquels il nous reste quelques informations grâce, entre autres, à Hérodote, à Virgile ou à Tite-Live –, utilisaient beaucoup les chiens d'attaque. Les Hyrcaniens, eux, avaient pour coutume de faire jeûner les leurs avant une bataille afin de les rendre plus pugnaces.

Pline l'Ancien relate aussi, dans son *Histoire naturelle*, la fabuleuse épopée d'un roi des Garamantes du VIIIe siècle av. J.-C. qui, ayant perdu son trône, réussit à le reconquérir et à mettre fin à son exil grâce à une armée de… deux cents chiens courageux et fidèles, qui se révélèrent intraitables sur le champ de bataille.

Des chiens combattant de tout temps

Pline l'Ancien (23-79 après J.-C.) relate dans son Histoire naturelle que, chez les Colophoniens[1] et les Castabales[2], les chiens combattaient aux premiers rangs lors de toute guerre : courageux, ceux-ci ne reculaient jamais, alors qu'ils ne touchaient pas de solde.

En remontant le temps, on peut constater que très tôt les chiens ont livré combat aux côtés des hommes. Les Celtes dressaient les leurs dans ce but : ils les habillaient de cuirasses d'acier et leur mettaient des colliers à pointes en fer autour du cou, pour les protéger, avant de les lancer sur l'ennemi. Selon Hérodote, Cyrus le Grand (559-530 av. J.-C.), roi des Perses, faisait élever des chiens de guerre et avait exempté d'impôt les quatre villes de la Babylonie chargées de les nourrir et de subvenir à leurs besoins.

L'Histoire abonde en récits ayant pour protagonistes des chiens sur le champ de bataille…

---

1. Habitant de Colophon, cité grecque d'Asie Mineure (correspondant aujourd'hui à la province d'Izmir, en Turquie).
2. Habitants de Castabales, ancienne ville de la basse Cilicie (nom antique d'une province située au sud-est de l'Anatolie d'aujourd'hui, en Asie, signifiant « plaine creuse »), aux frontières de la Syrie actuelle. Le géographe grec Strabon la décrit, ainsi que le temple de Diane qui s'y trouvait et dont les prêtresses pouvaient marcher sur des charbons ardents.

LES LÉVRIERS DE COMBAT DE TOUTANKHAMON

Les Égyptiens avaient fait du chien l'égal des dieux : Anubis, dieux des Morts, est représenté sous la forme d'un canidé noir (couleur bénéfique rappelant le limon lors des crues du Nil) ou d'un humain à tête de chien.

Mais ils utilisaient aussi leurs chiens lors des batailles. On a ainsi retrouvé dans la tombe de Toutankhamon (1352-1344 av. J.-C.) un coffre sur lequel est représentée une scène de bataille : on y voit le jeune pharaon sur son char de guerre entouré de soldats égyptiens qui lâchent contre leurs ennemis nubiens de grands chiens blancs, aux oreilles tombantes et au museau allongé, ressemblant beaucoup aux lévriers actuels. Ces chiens vigoureux semblent rompus au combat, puisqu'ils sautent à la gorge des guerriers du camp adverse, dont la position de faiblesse est soulignée par le simple pagne qu'ils portent.

LES CHATS ET LA BATAILLE DU PÉLUSE

Quarante siècles de mystères…

Malgré quelques divergences, on pense aujourd'hui que le chat a été apprivoisé en Égypte il y a plus 5 000 ans[3]. D'Hérodote à Plutarque, en passant par Aristote et Diodore de Sicile, les penseurs et les historiens de l'Antiquité notent - non sans un certain étonnement - le caractère sacré du chat chez les Égyptiens.

Le culte qu'ils lui vouaient avait-il à l'origine des raisons historiques, se demandait déjà Diodore de Sicile, un siècle avant notre ère ? Les victoires militaires auraient été ainsi mises en relation avec les étendards portant des figures animales, dont celle du chat. Ou bien ce culte reposait-il tout simplement sur le fait que le chat, en tuant les serpents et en chassant les rongeurs (souris et rats), rendait ainsi plus sûr l'environnement domestique, d'une part, et protégeait les récoltes, de l'autre ?

3. Les archéologues ont découvert à Chrypre (à Shillourokambos) une tombe datant de 9 500 ans, contenant le squelette d'un homme d'une trentaine d'année à côté duquel gisait celui d'un chat. La relation homme-chat remonterait-elle à près de 10 000 ans avant Jésus-Christ ?

Des dieux déguisés en animaux

Toujours est-il que ce côté protecteur indéniable - pour les hommes et pour leurs biens matériels - se complétait par leur rôle dans la vie religieuse. D'ailleurs, la troisième hypothèse avancée par Diodore se fonde justement sur le mythe : pour échapper à leurs ennemis, les dieux égyptiens auraient pris l'apparence des animaux…

Quoi qu'il en soit, le lien sacré entre le chat et le peuple du Nil ne fait plus l'ombre d'un doute : on élevait des chats dans les temples, à la maison aussi… À leur mort, on les embaumait dans des maisons sacrées et on les enterrait dans des nécropoles dédiées, comme à Bubastis, ville sanctuaire de la déesse Bastet, ou dans le tombeau de la famille à laquelle ils avaient appartenu. Pour marquer leur chagrin et en signe de deuil (ce dernier durait soixante-dix jours), les membres de la famille du chat disparu se rasaient les sourcils. L'attention qu'on donne au chat est aussi importante que celle qu'on porte à l'homme même.

Bastet, la déesse chatte

Représentée sous la forme d'une chatte ou d'une femme à tête de chat, Bastet était à l'origine une déesse guerrière. Mais elle subit une transformation et devint une divinité souriante, aimant la musique et dansant à pas feutrés de… chat. C'est également la déesse de la maison et de l'accouchement. Ses attributs sont le sistre[4] et le panier d'osier. Elle prend parfois l'apparence d'une femme à tête de lionne, devenant alors redoutable.

Votre doux et affectueux chat lui ressemblerait-il ? Gracieusement assis sur votre canapé ou près de la cheminée, ronronnant, miaulant, le regard suppliant… L'instinct sauvage n'est pourtant pas loin. Patte de velours, certes, mais griffes acérées…

La déesse lointaine

Évoquons, au passage, le mythe dit « de la déesse lointaine ». Fille de Rê (ou Râ), dieu du soleil et créateur de l'univers, Sekhmet (« la Puissante ») prend l'aspect

4. Dans l'Égypte ancienne, le sistre – ou *sistrum* – était un instrument sacré que les déesses faisaient retentir pour conjurer les crues du Nil ou pour éloigner Seth, « dieu rouge » associé aux forces destructrices. De nos jours, le sistre a été remplacé par le tambourin.

d'une lionne et quitte le palais de son père. Ce dernier envoie Shou et Thot pour la ramener. Thot use de toute son éloquence et parvient ainsi à la convaincre, mais pour éviter que la colère ne la reprenne, il la fait plonger dans les eaux de la première cataracte, à Philae. Elle en ressort apaisée sous les traits bienveillants de Bastet, la déesse chatte – réplique salutaire de la lionne et protectrice de la famille.

Victoire « facile », vraiment ?

Hélas, l'idolâtrie des Égyptiens pour le chat a parfois été utilisée contre eux. Ce fut le cas en 525 avant Jésus-Christ, à Péluse (ou Pelusium). La ville – située à l'extrémité orientale du delta du Nil et mentionnée dans la Bible comme « la force de l'Égypte » – a été le siège de grandes batailles à travers l'Histoire. Les attaques les plus connues sont celle de Sennachérib (704-681 av. J.-C.), roi d'Assyrie, puis celle de Nabuchodonosor (605-562 av. J.-C.). Ce dernier apprend la mort de son père au moment même où il s'apprête à envahir la ville. Il rentre à Babylone pour se faire couronner, l'Égypte échappe ainsi à l'invasion.

En 663 avant Jésus-Christ, Psammétique Ier parvient à chasser les Assyriens et les Éthiopiens et à rendre l'Égypte indépendante. Ses successeurs tenteront de poursuivre son œuvre, mais Psammétique III, le dernier pharaon de la 26e dynastie, sera battu par le roi perse Cambyse, fils de Cyrus II, et l'Égypte deviendra province du royaume achéménide.

En 525 avant Jésus-Christ, Cambyse II se trouve donc aux portes de Péluse, mais le siège n'aboutit pas, car les Égyptiens résistent. Il recourt alors à une ruse pour le moins surprenante afin de soumettre la ville : connaissant la vénération des Égyptiens pour les chats, il dote ses soldats d'animaux vivants, en guise de boucliers. Selon d'autres sources, les chats seraient seulement représentés sur les boucliers, comme d'autres animaux sacrés : chiens, brebis, ibis… Aussitôt les assiégés arrêtent de tirer par peur de blesser les animaux. Péluse tombe…

L'anecdote de cette victoire « facile », racontée par Polyen (dans Stratagèmes) et reprise par bien d'autres, témoigne de l'amour que porte le peuple égyptien aux chats. Ce peuple qui, comme l'indiquait par ailleurs Hérodote, préférait, même en temps de famine, se laisser mourir de faim plutôt que de sacrifier ses animaux sacrés.

LE CHIEN DE XANTHIPPE

L'épisode est raconté par Plutarque dans sa *Vie de Thémistocle*[5] et concerne le chien de Xanthippe (525-475 av. J.-C.), général athénien issu d'une vieille famille de l'aristocratie et père du grand Périclès. Frappé d'ostracisme[6], Xanthippe fut rappelé par Thémistocle, son rival et chef des Athéniens, lors de l'invasion des Perses sous le commandement de Xerxès Ier (vers 480 av. J.-C.). Ces derniers s'avançaient par voie terrestre jusqu'en Attique. Thémistocle décida alors de les attirer dans le détroit de Salamine. Il fit donc évacuer Athènes : dans un premier temps, il mit à l'abri les plus fragiles (femmes, enfants, malades, personnes âgées) ; ensuite, les guerriers embarquèrent pour Salamine où ils allaient livrer bataille. Il ne resta au port que les chiens, abandonnés par leurs maîtres. Ils les regardaient s'éloigner en poussant de sinistres hurlements. Le chien de Xanthippe ne supporta pas la perte de son maître et se jeta à la mer. Il nagea derrière la galère jusqu'à destination. Mais à peine arrivé, épuisé, il rendit l'âme.

---

5. Plutarque, *Vies des hommes illustres,* I, Paris, Charpentier, Libraire-éditeur, 1853, p. 271.
6. Exil politique de 10 ans, infligé au Ve siècle av. J.-C. à Athènes aux citoyens influents et dont l'ambition personnelle était considérée comme nuisible pour la cité.

ATHÉNA NIKÉ ! LES CHIENS DANS LA BATAILLE DE MARATHON

Nous sommes en 490 av. J.-C. sur la plage de Marathon, où s'était déroulée la première guerre médique. C'est la fin de l'été, il fait chaud, très chaud même. Un messager grec du nom de Phidippidès (ou Philippidès) se lance dans une folle course de 40 km pour annoncer la bonne nouvelle à ses pairs : *Athéna niké !* (« Athènes, la victorieuse »). Une fois son message délivré, épuisé, le coureur mythique tombe raide mort devant l'Aréopage. Enfin, c'est peut-être un peu moins simple si l'on prend en compte le récit qu'en fait Hérodote, mais on va s'en tenir là, car ce qui nous importe est ailleurs. Sur une fresque, pour être clair… Les Athéniens, conduits par le général Miltiade, mirent en déroute les soldats perses de Darius Ier en combattant avec leurs chiens. La victoire, les chiens y avaient donc contribué : ils furent fêtés, et leur place sur le *Pœcile* (ou *Stoa Poikilè*) – ce portique érigé sur l'agora à Athènes, vers 470-460 av. J.-C., et orné de peintures de grands peintres tels Polygnote de Thasos, Pananainos et Micon – était bien méritée. L'un d'eux figure même en bonne place avec Cynégire[7], Épizèle[8] et Callimaque[9].

LES CHIENS APATHIQUES DU CAPITOLE

Tite-Live (Histoires romaines) et Cicéron (Oraisons) relatent tous les deux l'épisode. Cela se passait dans des temps reculés, en 390 av. J.-C.

Brennus, chef des Gaulois, entreprit d'attaquer Rome. Pourquoi ? L'Histoire ne nous le dit pas clairement. *Grosso modo*, les deux armées s'affrontèrent près de la rivière Allia. Les Romains furent vaincus, et Brennus marcha sur Rome. Les soldats gaulois pillèrent alors toutes les maisons de la ville et arrivèrent, enfin, devant le Capitole où quelques Romains résistaient encore, stratégiquement barricadés. Les assiégeants voulurent les prendre par surprise, de nuit. Et c'est à ce moment-là qu'intervient la célèbre légende mettant en avant non pas des chiens, mais des oies…

---

7. Frère d'Eschyle, mort en 490 av. J.-C. à Marathon (en poursuivant les vaisseaux perses après la bataille, il eut les bras coupés et en mourut).
8. Un autre Athénien ayant pris part à la bataille de Marathon ; il devint aveugle, selon Hérodote.
9. Polémarque athénien qui dirigea l'aile droite de l'armée lors de la bataille de Marathon et qui y laissa sa vie.

Bien que la garnison du Capitole ait compris des chiens, dont la tâche était d'avertir si des voleurs approchaient, ceux-ci ne réagirent nullement à la tentative des envahisseurs. Surprenant ! Mais, heureusement, il y avait aussi les oies de Junon qui, elles, donnèrent l'alerte par leurs jacassements aigus.

Le chien fut donc « détrôné », et une curieuse cérémonie vit le jour à Rome : tous les ans, on promenait une oie sur un palanquin à côté d'un chien crucifié...

PÉRITAS, LE PLUS CÉLÈBRE DES CHIENS MOLOSSES

Pendant l'invasion de l'Inde par Alexandre le Grand (356-323 av. J.-C.), le roi d'Épire[10] lui offrit un chien dont la taille et l'aspect redoutables impressionnèrent le célèbre conquérant. Celui-ci décida de le mettre à l'épreuve, face à un ours. Mais le chien ne broncha pas. Devant les sangliers, il se tint toujours immobile à sa place. Enfin, il resta de marbre même devant un daim qu'on avait fait venir pour l'occasion. Le Macédonien, qui ne connaissait pas la peur, attribua ce comportement à de la lâcheté et fit tuer l'animal.

10. Région des Balkans partagée entre la Grèce et l'Albanie.

Néanmoins, le roi d'Épire - apprenant ce qui s'était passé et peut-être un peu vexé par ce dénouement peu honorable - lui fit parvenir un autre molosse. C'était - dit-on - le dernier qui lui restait de cette espèce. Et cette fois-ci, il ne manqua pas de mettre en garde Alexandre : ce chien n'affronterait que des animaux dignes de sa force, tels les lions ou les éléphants. Ce serait peine perdue de le mettre en présence d'autres bêtes.

L'ancien élève d'Aristote suivit alors ce conseil, et quelle ne fut son admiration devant la force et l'intelligence de ce chien qui eut raison du roi des animaux en le faisant tourner en rond jusqu'à l'épuisement. Cette histoire, racontée par Pline l'Ancien et appuyée par Plutarque, décrit peut-être la rencontre d'Alexandre avec Péritas, ce chien chéri au point que son maître - inconsolable après sa disparition - donnera son nom à une ville bâtie en sa mémoire.

Ce brave Péritas s'était notamment distingué lors de la bataille de Gaugamèles[11] (331 av. J.-C.), contre Darius III, roi des Perses. Possédant l'avantage du nombre, ce dernier disposait en outre de nombreux chars et de 15 éléphants entraînés pour la guerre. Mais la stratégie du général macédonien ainsi que le courage et le dévouement de ses hommes bien

11. Connue aussi comme « la bataille d'Arbèles », car elle s'était déroulée à proximité d'Arbèles.

entraînés eurent raison de l'ennemi. Néanmoins, il fut un moment où Alexandre faillit perdre la vie, ce qui serait arrivé sans l'aide de son chien dévoué, arrivé à point nommé.

Diogène, le « chien royal »...

En arrivant en vainqueur dans la riche cité de Corinthe, Alexandre demanda à rencontrer le plus célèbre philosophe de l'école cynique, Diogène de Sinope (413-323 av. notre ère). La réputation de cet homme qui ne faisait pas semblant mais qui vivait selon ses convictions n'était plus à faire. Il vivait dans un tonneau[12] et n'avait d'autre bien qu'une canne et un manteau. Diogène avait beaucoup écrit (des traités politiques, des livres de morale) et, pourtant, on l'avait peu - voire pas du tout - lu... Platon l'appelait « chien ». Cependant, l'intéressé se faisait bien à son surnom et aimait d'ailleurs discourir sur ce thème... Il filait bien souvent la métaphore en se comparant tantôt à un petit roquet hargneux, lorsqu'il avait le ventre vide, tantôt à un gros molosse, lorsqu'il avait bien mangé...

...

12. Ou plutôt dans une amphore, selon Michel Onfray, *Les Sagesses antiques*, Éditions Grasset & Fasquelle, 2006.

...

La légende veut même que Diogène soit mort très vieux (et le même jour qu'Alexandre le Grand !), d'une mort en accord avec sa vie : un chien l'aurait mordu en voulant lui dérober son repas, et la plaie se serait infectée par la suite...

En tout cas, ladite rencontre eut lieu et elle fut, paraît-il, aussi insolite qu'édifiante pour le jeune roi de Macédoine. Debout devant le vieil homme qui prenait tranquillement le soleil sur un banc, l'illustre Macédonien se présenta ainsi : « Je suis Alexandre. » Sans même daigner le regarder, son interlocuteur répondit : « Et moi, je suis Diogène le Chien. » « De quoi as-tu besoin, mon ami ? » poursuivit Alexandre pour impressionner Diogène. « Je peux te donner ce que tu veux. – Ôte-toi alors de mon soleil », répondit ce dernier...

Passé l'instant de surprise, le roi ne lâcha pas : « N'as-tu vraiment pas peur de moi, Diogène ? – Et pourquoi aurais-je peur de toi ? Es-tu du côté du Bien ou du Mal ? – Du côté du Bien, évidemment. – Tu vois alors que je n'ai pas à avoir peur de toi, car qui aurait peur du Bien ? »

Quelle leçon d'humilité et de sagesse ! La pensée l'emportait pour une fois sur la force. On dit, en effet, qu'Alexandre s'éloigna pensif, en murmurant dans sa barbe : « Si je n'étais pas Alexandre, je voudrais être Diogène... le Chien !

LES CHIENS DES BARBARES DANS LES BATAILLES D'AIX ET DE VERCELLAE

Vers 113 av. J.-C., des visiteurs importuns déferlaient en nombre sur Rome provoquant la panique : les Cimbres et les Teutons, deux peuplades nordiques, ne parlant ni latin ni grec et dont on ignorait l'origine exacte. Plutarque décrit des hommes aux yeux noirs et de taille impressionnante, portant d'énormes casques surmontés de cimiers à têtes de fauve, habillés de cuirasses de fer et de boucliers d'une blancheur étincelante. Ces Barbares « dont la voix et les cris ne ressemblaient pas à ceux des autres hommes » étaient à la fois belliqueux et rusés, et une cohorte de femmes, d'enfants et de chiens les suivait de près. En outre, leurs modes de vie et de pensée ne convenaient guère aux Latins, il fallait les arrêter définitivement… coûte que coûte. Et le droit à l'erreur n'était, cette fois-ci, pas permis. C'est donc Caius Marius, expert en guérilla, qui reçut pour mission de les combattre.

Précisons que les Cimbres avaient pour coutume de placer des hordes de chiens devant l'ennemi, au début de l'attaque. À la fin de l'affrontement, les chiens rescapés appuyaient leurs maîtres pendant la retraite. Comment s'y prendre afin de les détruire et de délivrer Rome de leur menace ?

Caius s'allia aux Ligures et aux Massaliotes[13] et travailla à fond sa tactique. Ce fut un combat sans merci. D'abord à Aix-en-Provence (*Aquae Sextiae*, « les eaux de Sextius », en 102 av. J.-C.) contre les Teutons et les Ambrons (une tribu helvète qui s'était associée à eux) ; puis à Vercellae (aujourd'hui « Vercelli », dans le Piémont ; en 101 av. J.-C.) contre les Cimbres... Deux victoires éclatantes des troupes de Marius. Les Barbares furent massacrés, les chroniques n'en parleraient plus. Pour ne pas devenir esclaves, les femmes des vaincus se défendirent à coups de hache, puis, devant l'évidence de la défaite, se suicidèrent. À côté des femmes, les derniers chiens vivants gardaient farouchement les cadavres. Il fallut les tuer à coups de flèche. Rome souffla, soulagée...

13. Habitants de *Massalia* (Marseille).

Le monde à l'envers

Les animaux sont nombreux à figurer en marge des manuscrits médiévaux. Scènes de chasse à courre, joutes équestres, travaux des champs, guerres et autres..., leur présence a toujours un sens symbolique ou satirique. Les livres d'heures de la fin du Moyen Âge regorgent ainsi de saynètes amusantes, et parfois étranges. Dans le bréviaire de Renaud de Bar[14], on voit des lapins qui défendent courageusement un château attaqué par des chiens, ou encore un lièvre et un chien se battant en duel...

LE MYTHE DU CYNOCÉPHALE

Le cynocéphale est une créature hybride, représentée avec une tête de chien sur un corps d'homme. Pline l'Ancien le mentionne dans son *Histoire naturelle*, et le décrit avec des griffes et poussant des aboiements à la place de la parole.

14. Renaud de Bar fut évêque de Metz de 1302 à 1316, connu comme étant le commanditaire et le propriétaire de six manuscrits liturgiques (qu'il utilisait pendant les cérémonies), richement enluminés. Les *marginalia* notamment abondent en drôleries, blasons, grylles...

Hésiode évoquait aussi les demi-chiens comme un peuple des confins. Hérodote évoque l'Éthiopie, et Ctésias, historien grec du Ve siècle av. J.-C., les situe plutôt en Inde. Dans tous les cas, ces peuples vivant aux extrémités de la terre, à l'apparence surprenante, au corps recomposé, ne faisaient pas partie du monde connu, familier. Aussi leurs attributs sont-ils parfois terribles et surnaturels : habillés de peaux de bêtes, aux longues dents et aux griffes crochues, ils ont une queue – comme les chiens – et vivraient jusqu'à deux cents ans… Des monstres mythiques rappelant les dieux.

D'Anubis, le dieu égyptien de la mort, à Hermès-Mercure, dont le canidé est aussi le symbole, la légende de l'homme-chien s'étend ensuite au Moyen Âge. Dans les bestiaires médiévaux, on dresse de véritables catalogues d'animaux tant réels qu'imaginaires, dont la symbolique est riche et qu'on illustre abondamment.

Un saint à tête de chien

Avec saint Augustin, le cynocéphale fait son entrée dans le folklore chrétien : être sans âme, vivant en marge du monde civilisé, déchu, héritier de Caïn le maudit…, mais dont le potentiel de rédemption est toutefois concevable.

On peut évoquer, dans ce sens, la figure de saint Christophe[15] que le christianisme orthodoxe décrit comme un cynocéphale géant de la terre de Chanaan, converti et métamorphosé grâce à sa conversion : il perd sa tête de chien et gagne le don de la parole…

LE CARLIN POMPEY, CHIEN OFFICIEL DE LA MAISON D'ORANGE

Guillaume le Taciturne, prince d'Orange (1533-1584), fut un personnage clef de l'histoire des Pays-Bas pour avoir lancé et conduit la révolte des Néerlandais contre les troupes espagnoles du roi Philippe II. L'anecdote qui suit, racontée par Sir Roger Williams dans *Actions in the low countries* (1618), se réfère à un épisode

15. Son nom signifie « celui qui porte le Christ », car il avait porté sur ses épaules un enfant qui s'est révélé être Jésus-Christ lui-même.

de la guerre de Quatre-Vingts Ans, à savoir le siège de Mons. Dans la nuit du 11 au 12 septembre 1572, l'Espagnol Julian Romero tenta d'assassiner Guillaume d'Orange. Et ce fut son carlin (ou son épagneul, selon d'autres sources), Pompey, qui lui sauva la vie en faisant un grand tintamarre pour le réveiller. Grâce à Pompey, Guillaume réussit donc à s'enfuir, échappant de peu aux 600 arquebusiers espagnols qui accompagnaient Romero. Depuis ce fait, craignant peut-être d'autres attaques surprises, Guillaume dormait toujours avec son chien à ses côtés, et il en fit même le « chien officiel » de la maison d'Orange.

COMBATS DE CHIENS SOUS LE RÈGNE DE JACQUES IER

Les combats des chiens passionnaient les Anglais depuis le Moyen Âge et ils furent l'une des distractions les plus populaires jusqu'au début du XIXe siècle, quand ils furent interdits par le Parlement peu après le couronnement de la reine Victoria.

On trouve dans les chroniques de John Stow – qui nous a laissé un témoignage[16] fondamental sur Londres

16. *Survey of London* (*Inventaire de Londres*) est paru en 1598 pour la première fois, puis fut réédité et mis à jour en 1603.

à la Renaissance, depuis Henri VIII (1509-1547) jusqu'à l'arrivée sur le trône de Jacques Ier, en 1603 - la description d'un combat surprenant entre trois dogues et un lion. Le premier et le deuxième furent vite vaincus par le roi des animaux. Mais le troisième dogue se jeta sur le lion avec force et lui tint tête courageusement jusqu'à ce que, épuisé, celui-ci finisse par se réfugier au fond de sa loge. Le dogue, lui, survécut aux blessures infligées par les griffes de l'animal sauvage et fut remarqué par le fils du roi.

LE CHIEN FIDÈLE DE LA BATAILLE D'AUGHRIM

Le 12 juillet 1691 reste dans l'histoire d'Irlande comme un jour des plus sanglants : celui de la bataille d'Aughrim, qui opposait les troupes jacobites de Jacques II Stuart[17] aux orangistes protestants, fidèles à Guillaume d'Orange. Ce fut ce dernier, devenu roi d'Angleterre, d'Écosse et d'Irlande sous le nom de Guillaume III, qui triompha à Aughrim aux dépens de Jacques II, le dernier roi catholique d'Angleterre.

Ce fut un tel massacre que plus de sept mille soldats, en tout, laissèrent leur vie sur les champs de bataille.

17. En anglais : James II Stuart.

Abandonnés, les corps furent déchiquetés par les oiseaux et par les bêtes, dont beaucoup de chiens. Parmi ces derniers, il y en avait un qui ne se laissait pas distraire, mais veillait jour et nuit le corps sans vie de son maître. Il y resta même quand tous les autres s'en allèrent, ayant fini leur sinistre besogne. Quelques mois plus tard, en hiver, le malheureux chien attaqua un soldat qui passait par là, croyant qu'il voulait toucher aux restes de son maître. En se défendant, le soldat le tua, mettant ainsi un terme à la mission que l'animal s'était fixée.

LES CHATS ET LA CAMPAGNE D'ÉGYPTE DE BONAPARTE

« Il faut aller en Orient, toutes les gloires viennent de là[18]. »

Au chevet des pestiférés

Pour le général de 28 ans, fasciné par Alexandre le Grand, qu'est Bonaparte en 1797, l'Orient représentait une grande promesse. Avec l'aide de Talleyrand,

18. Louis-Antoine FAUVELET DE BOURRIENNE, *Mémoires de M. de Bourrienne*, Paris, Ladvocat, 1828, t. II ; *apud* Robert SOLÉ, *Bonaparte à la conquête de l'Égypte*, éditions du Seuil, 2006, p. 15.

il réussit à imposer son point de vue au Directoire, envisageant une triple conquête : militaire, politique et scientifique.

Mai 1798. Trente-huit mille soldats et cent cinquante savants (ingénieurs, médecins, humanistes…) quittèrent ce matin-là Toulon, en passant par Malte, pour débarquer début juillet à Alexandrie.

Dans la campagne d'Égypte, l'épidémie de peste fut responsable de pertes importantes dans l'armée napoléonienne. Elle freina la progression des troupes vers la Syrie et constitua même la cause de l'arrêt de cette campagne.

Selon la consigne de Bonaparte, le mot peste n'avait pas été pas prononcé pour ne pas créer la panique parmi les soldats et pour laisser de l'espoir à ceux qui en étaient atteints. Ce n'était pas vraiment une sage décision, puisque les soldats ne prenaient pas de précautions suffisantes (allant parfois jusqu'à porter les habits de leurs camarades décédés de la maladie).

Pour remonter le moral de ses troupes, en faisant preuve d'un sang-froid peu habituel, le général se rendit à l'hôpital et parla aux malades (la scène a été immortalisée par la peinture d'Antoine-Jean Gros en 1804, *Bonaparte visitant les pestiférés de Jaffa*).

Une escouade de chats

Les chats faisaient partie du voyage. On les mit donc à l'épreuve pour arrêter l'invasion des rats dans les campements de l'armée française. Les talents de chasseurs de nos chers félins ne visaient plus – pour une fois – à préserver les récoltes dans les greniers, mais à sauver l'homme des infections. Et, comme d'habitude, ils s'en acquittèrent merveilleusement bien[19].

Le chat meuble

L'article 528 du Code civil rédigé sous Napoléon (1804) définit juridiquement les animaux comme des « biens meubles » au même titre que les objets inanimés. Si le Code pénal reconnaissait implicitement (en punissant les actes de cruauté commis contre eux) le caractère sensible de nos amis les bêtes, ce n'est que récemment, le 16 avril 2014, qu'un amendement a été proposé afin de changer le statut législatif des animaux.

---

19. Rappelons, au passage, qu'en 1894 une épidémie de peste à Hong Kong permettra au médecin suisse Alexandre Yersin (1863-1943) d'identifier l'agent responsable en isolant le bacille cette même année.

MOUSTACHE, À LA BATAILLE DE MARENGO (ET PAS SEULEMENT !)

Marengo, 14 juin 1800, bataille majeure de la deuxième campagne d'Italie. Défaite dans un premier temps, puis victoire française grâce au général Desaix (1768-1800). Parmi les héros, Moustache, un chien barbet du régiment des grenadiers français. Ce brave chien aurait vu le jour en Normandie, dans une ferme, en 1799. Il avait peut-être la fibre patriotique, puisqu'il suivit de son plein gré le régiment qui passait dans son village, et fut adopté par les soldats.

À Marengo, on le cita à l'ordre du jour pour avoir donné l'alerte lorsque, la veille, les troupes autrichiennes avaient attaqué par surprise. À Austerlitz (2 décembre 1805), il fut décoré par le maréchal Lannes lui-même (1769-1809) pour avoir récupéré l'« aigle » que des cavaliers russes étaient en train de dérober au porte-drapeau mort au combat. Sur le ruban tricolore de la médaille, il y avait cette inscription : « Moustache, chien français. Qu'il soit toujours respecté comme un brave[20]. »

20. *Apud* Aristide Fabre, *À la gloire des bêtes*, Tours, A. Mame et Fils, 1913, p. 34.

Moustache,
décoré par le maréchal Lannes à Austerlitz

Moustache passa ensuite en Espagne, avec les canonniers cette fois-ci. À Badajoz[21], il perdit la vie, touché par un boulet de canon alors qu'il arpentait les remparts de la ville assiégée par les troupes de Wellington. La ville dut se rendre. Moustache fut enterré quelques jours plus tard au bord du fleuve Guadiana qui traverse la ville d'est en ouest.

MILORD ET LOUBET, CHIENS COMBATTANTS

Jusqu'au XIXe siècle, tous les dimanches après-midi avaient lieu à Paris, place du Combat (la bien nommée !) des combats de chiens : entre eux ou contre d'autres animaux – taureaux, ours ou sangliers, le plus souvent. Ces spectacles violents occasionnaient des paris.

Milord (né à Londres, en 1828, et arrivé en France par la suite) fit partie de ces chiens obligés à combattre quotidiennement, et il gagnait toujours. Loubet Ier et Loubet II aussi. Leur vie n'était pas facile : nourris de pain rôti, on les appâtait avec de la viande en sang pour les faire sauter et ainsi muscler leurs membres ;

21. Ville située dans le sud-ouest de l'Espagne.

la veille du combat, on les faisait jeûner, puis, le jour même, on leur faisait avaler des œufs crus...

LA VIE D'UN CHAT DE GOUTTIÈRE PENDANT LA GUERRE DE CRIMÉE

En pénétrant dans la ville dévastée de Sébastopol, lors de la guerre de Crimée (1854-1856), les soldats du capitaine William Gair furent surpris de découvrir dans une cave un beau chat tigré à côté duquel gisaient deux soldats russes blessés, mais qui semblaient - tout comme le matou - plutôt bien nourris malgré le long siège. Le mystère se dissipa et leur curiosité fut satisfaite quand le chat, tout aussi amical, les conduisit à des réserves de nourriture cachées dans les décombres. Lui s'y rendait régulièrement pour chasser les rongeurs, qui étaient nombreux dans les parages. Baptisé Tom (ou Sébastopol Tom), le sympathique félin avait ainsi passé les neuf mois du siège et aidé par la même occasion les soldats affamés à survivre. Il fut finalement recueilli par les officiers anglais, à qui il montra aussi des lieux d'approvisionnement.

TOM CAT, GARDIEN DE FORT

Un chat noir qui porte chance

Nous sommes en 1863, deux ans après le déclenchement – au lendemain de l'élection d'Abraham Lincoln – de la guerre de Sécession. Au fort McAllister, petite fortification en terre, la vie de la garnison a changé radicalement depuis que les boulets des canons ennemis ont commencé à retentir jour et nuit. Heureusement, ses braves défenseurs avaient à leurs côtés un excellent compagnon, toujours prêt à leur remonter le moral : Tom Cat, le chat noir, gentil, joueur, affectueux. Il éblouissait tout le monde par sa gaieté et son courage, car il osait défier les tirs, se faufilant habilement parmi les balles – misant peut-être sur ses neuf vies – jusqu'à ce que…

Sa chance s'épuise

L'offensive du 3 mars 1863 a été, hélas, tragique : un obus de l'Union décapita le major John B. Gallie, puis fit de Tom la seconde victime. Un rapport sur les circonstances de ces morts tragiques fut transmis au général Beauregard après la bataille.

Ils montent la garde pour l'éternité...

Henry Ford (1863-1947), le célèbre industriel, fait restaurer le fort McAllister dans les années 1930. Les ouvriers travaillant sur le chantier racontent qu'ils entendent des bruits étranges pendant les travaux. Certains se disent même effrayés. Plus tard, un corps sans tête, habillé en uniforme de la guerre de Sécession a été vu dans les jardins, suivi d'un chat noir...

LES CHIENS DE MITRAILLEUSES

En Belgique, aux alentours de 1900, les chiens de trait (des bouviers ou des mâtins pour la plupart) étaient très populaires : on pouvait les voir tirer une charette ou une brouette remplie de marchandises (lait, légumes, viande...), qu'ils livraient au domicile des clients, ou faire la navette avec les chiffonniers et les brocanteurs de tous bords. On en avait recensé 150 000 !!!

Avant la Première Guerre mondiale, deux militaires belges - Blancgarin et Van de Putte - spécialisés dans la pratique des chiens militaires eurent l'idée d'utiliser la traction canine pour tirer les mitrailleuses et les munitions : la race des mâtins belges[22] fut choisie pour cette tâche. Mais la guerre éclata avant que le projet ne soit entièrement réalisé : il manquait à la fois des officiers entraînés et des chiens dressés pour agir de concert... Néanmoins, les sections canimobiles des carabiniers – parfaitement entraînées – ne déméritèrent pas et leur rôle dans la victoire de Haelen (Halen), en août 1914, fut appréciable.

De même, en octobre 1918, lors de l'offensive finale, le 2e bataillon de carabiniers belges mena des combats acharnés pendant lesquels on utilisa aussi des voitures-mitrailleuses Blancgarin.

Lorsque le roi Albert Ier, la reine Élisabeth et le prince Léopold se rendirent en visite officielle aux États-Unis, entre septembre et novembre 1919, ils furent accompagnés par quatre voitures Blancgarin avec leurs chiens et leurs servants : un bel hommage à ces chiens courageux et aux hommes qui s'en occupaient.

22. Malheureusement, la race des mâtins belges a complètement disparu : entre les deux guerres mondiales, leur utilisation avait sensiblement diminué puis, en 1957, la loi belge a porté le coup final à la race en interdisant son usage.

Chien de trait livrant du lait

« Des étoiles plein les yeux »

Il y a, dans le ciel étoilé, trois constellations de chiens… La constellation du Grand Chien (*Canis Majoris*) est l'une des plus anciennes répertoriées en raison de la présence en son sein de Sirius – l'étoile la plus brillante du ciel après le Soleil. *Canis Minor* (Petit Chien) figurait déjà dans la liste de Ptolémée au IIe siècle. Enfin, *Chiens de chasse* a été révélée en 1687 par l'astronome polonais Johannes Hevelius (1611-1687) qui y voyait une ressemblance avec les chiens du Bouvier.

UN MESSAGER HÉROÏQUE PENDANT LA PREMIÈRE GUERRE MONDIALE

Les airedales sont une race facile à dresser, ce qui explique peut-être – avec leur dévotion prouvée tant de fois – qu'ils aient été choisis pour les guerres modernes. Parmi les plus connus, Jack, un chien britannique envoyé en France en 1918 et ayant rempli le rôle de messager. Toute communication était coupée, et son bataillon en passe d'être fait prisonnier par les Allemands. Il ne restait plus qu'une seule issue, avertir l'état-major de la situation. Mais celui-ci se situait à six kilomètres de là. Jack fut alors chargé de faire parvenir le message. Il se faufilait, agile et décidé, parmi les balles ennemies... Bien que touché par deux fois, il continua sa course à bride abattue. Il sautait de tranchée en tranchée, d'entonnoir d'obus en entonnoir d'obus, de trou de mine en trou de mine. Rien ne pouvait l'empêcher de mener à bien sa mission. Son message, il le délivra donc, puis rendit son dernier souffle. Grâce à lui, son bataillon fut sauvé.

Estaffette à quatre pattes

Ce jour-là[23], la mission de Marquis était de porter un pli au commandant des mitrailleuses. Le pli fut inséré dans son collier, et il se lança, se faufilant entre les balles, courageusement. Il fut touché au flanc droit, mais ne s'arrêta pas. Les derniers mètres, il les parcourut péniblement, les yeux rivés sur le lieu à atteindre. Encore un saut, encore un pas... Il laissa tomber le pli aux pieds de l'officier, puis expira. Sa mission était accomplie.

23. Le chien Marquis servait de liaison entre deux sections de mitrailleuses. Il fut tué par les balles allemandes à Sarrebourg, en août 1914.

RIEN NE L'EFFRAIE

Fanfan fut le compagnon d'armes, aimé et apprécié, des soldats de la 94e d'infanterie et du 8e bataillon de chasseurs à pied de la guerre de 1914-1918. Il avait gagné leur confiance lorsqu'il leur avait sauvé la vie, la première fois : enlisés dans les marécages, lors d'une attaque, ils s'étaient laissé attraper par Fanfan qui les avait tirés un à un vers les brancardiers campés de l'autre côté, sur la route. Mais ce ne fut que le début de ses faits de bravoure. Un jour, il aida son maître, le sergent Louis, en difficulté face à un lieutenant allemand, en sautant à la gorge de l'ennemi. Une autre fois, ils furent ensevelis tous les deux dans une galerie souterraine, mais ils réussirent à s'en sortir sains et saufs.

Lorsque son maître périt, Fanfan, en proie au désespoir, se coucha sur sa tombe et refusa la moindre nourriture pendant plusieurs jours. Avec douceur et patience, Jacques, l'ami de Louis, réussit à l'en détacher, à le faire revenir vers la vie… ou plutôt vers la guerre, car celle-ci n'était pas finie. Mais il leur restait encore tant à faire ensemble !

Puis Fanfan devint borgne lors d'une attaque au gaz, et Jacques perdit complètement la vue. On les fit prisonniers, et ils connurent la dure vie des camps.

Fanfan sur la tombe de son maître

Après l'armistice, les deux amis retrouvèrent la liberté et revinrent à Verdun se recueillir sur la tombe de Louis. Entre-temps, le petit cimetière s'était démesurément agrandi...

LE SERGENT ÉTAIT UN CHIEN...

Sergent Stubby, pit-bull terrier de l'armée américaine, est un autre chien de régiment qui s'était fait remarquer par son audace et par son dévouement, lors de la Grande Guerre. Son histoire débuta simplement, comme souvent : errant autour du camp de Yale Bowl, près de Hartford (le campement du 102e régiment d'infanterie), il se fit adopter par les soldats – et baptiser par la même occasion (*stubby* signifie « trapu »). Il devint alors la mascotte officielle du régiment, et c'est ainsi que leur « épopée » commença.

Stubby embarqua sur un bateau, en Virginie, aux côtés du soldat Robert Conroy, son maître, pour participer, en février 1918 en France, aux affrontements du Chemin des Dames. Là, il enchaîna les exploits : un matin, il détecta rapidement une odeur suspecte et déjoua ainsi une attaque surprise au gaz par ses aboiements qui réveillèrent les soldats et leur permirent d'enfiler leur masque. Ensuite, il captura un

Le sergent Stubby, un soldat pas comme les autres

espion allemand qui rôdait autour des tranchées, en l'immobilisant à terre jusqu'à l'arrivée des soldats de son camp. Ceci lui valut d'être « promu » sergent, une première absolue pour un chien. Blessé par une grenade, il fut soigné à l'hôpital de la Croix-Rouge, où il profita naturellement de son séjour pour remonter le moral des soldats.

Le bilan de Stubby à la fin de la guerre était de dix-sept batailles en Europe, ainsi que d'une dizaine de distinctions prestigieuses. Et, une fois n'est pas coutume, l'histoire du sergent Stubby déroule un *happy end* : il termina sa vie auprès de son maître Conroy, pour lequel il avait tant d'affection.

Chiens piégés

Pendant la « drôle de Guerre » (pas drôle du tout, en fait), les Allemands avaient capturé des chiens sanitaires français. Ils les avaient ensuite renvoyés vers leurs lignes avec, cachées sous les calicots usuels de la Croix-Rouge, des grenades à retardement. Pauvres bêtes !

ANTIS, UN HÉROS MÉCONNU DE LA SECONDE GUERRE MONDIALE

Au Noël 1939, découvert sur les ruines d'une ferme alsacienne, près de Strasbourg, un chiot de quelques jours se faisait adopter par Jan, un aviateur tchèque qui venait d'atterrir de force dans les parages. Une vie d'aventures commençait pour le chiot, baptisé Antis. Il vola vers Gibraltar avec Jan, mais leur avion tomba dans la mer et ils furent faits prisonniers par les Italiens. Ces derniers furent attaqués par la Royal Navy, et nos deux protagonistes se retrouvèrent dans le camp anglais et gagnèrent, enfin, Gibraltar. Jan se rendit par la suite en Angleterre et emporta son ami canin caché dans ses bagages, car le capitaine du bateau ne voulait pas l'embarquer.

Il y avait de la graine de héros dans le chiot alsacien, et son arrivée sur le sol anglais se révéla une belle chose, car Antis se fit bientôt remarquer : pendant le *blitz*, il avait repéré dans les décombres plusieurs personnes ensevelies - une femme, un garçon… Lorsqu'une autre fois, il attendait son maître, parti en mission en Allemagne, il ressentit à distance le danger qu'encourait celui-ci : Jan fut en effet grièvement blessé. Son chien manifesta alors son désespoir et son inquiétude en hurlant et en gémissant dans la rue.

Après cet épisode (qui se termina bien pour les deux amis), il accompagna Jan dans ses vols. On lui avait même fabriqué un inhalateur pour qu'il pût respirer en altitude. Antis fut blessé à deux reprises, mais il survécut à ses blessures.

ATTENTION, ÇA VA COULER !

La chasse commence

En mai 1941, le submersible allemand Bismarck sombrait dans les eaux froides de l'Atlantique. Sa mission était de couler les convois de ravitaillement alliés en provenance d'Amérique du Nord, et il s'en acquittait plutôt bien. Quelques jours auparavant, à la sortie du détroit du Danemark, il avait détruit le fleuron de la flotte britannique – HMS Hood, surnommé « l'Invincible ». Les Anglais reçoivent l'ordre de couler « l'ogre nazi » par tous les moyens.

Au bout de trois longues journées de confrontations, les Britanniques l'emportent. Le cuirassé allemand – dont le gouvernail avait été endommagé par les tirs de la Royal Navy – est sabordé par son propre équipage et s'enfonce lentement par l'arrière, avant de disparaître définitivement dans l'océan. Sa

Sam l'insubmersible

perte causera un choc à la Kriegsmarine. Il n'y aura qu'une centaine de survivants, parmi les deux mille qui formaient l'équipage, dont un joli chat noir à la gorge blanche, Oscar. Ce dernier fut chaleureusement recueilli par le destroyer Cossack et rebaptisé Sam l'Insubmersible. À peine quelques mois plus tard, le Cossack est à son tour coulé par un sous-marin allemand. Oscar alias Sam fera encore une fois partie des survivants et il embarquera, cette fois-ci, à bord du porte-avions Ark Royal où il est accueilli à bras ouverts. Hélas, il ne gardera pas longtemps ce nouveau foyer, car la série noire continue : l'Ark Royal est lui aussi torpillé et coulé…

Et notre Oscar-Sam ?

Sauvé pour la troisième fois, pardi ! Le voici qui monte sur le destroyer Legion mais, après tant de déboires, l'Amirauté préfère le savoir à terre et décide de le transférer au Royaume-Uni. Et le chanceux (ou pas, selon le point de vue) matou coulera des jours heureux en finissant paisiblement sa vie (la quatrième…) en digne sujet de Sa Majesté, aux côtés d'un vieux et sympathique loup de mer irlandais – pas superstitieux pour deux sous – dans la Maison des marins de Belfast.

LES SCOUT DOGS DE LA GUERRE DU PACIFIQUE

La mission des troupes américaines dans les îles du Pacifique, lors du second conflit mondial, fut des plus dangereuses bien qu'assez peu connue. Mines, pièges explosifs – sans parler des attaques des kamikazes –, la stratégie nippone était d'une rare violence. En outre, le milieu était hostile et l'ennemi quasi impossible à repérer dans la jungle. Puis l'idée germa d'envoyer des chiens en éclaireurs... Elle fit rapidement son chemin face aux difficultés rencontrées. Une partie des premiers chiens venait de familles américaines de la classe moyenne qui voulaient contribuer ainsi à l'effort de guerre. Ces chiens, de races mélangées, furent alors dressés. Puis un club proposa de recruter des dobermans, et cela marcha fort bien. Les chiens aimaient les hommes et les hommes (les soldats en l'occurrence) devaient aimer les chiens pour que cela fonctionnât.

À l'automne 1943, des unités cynophiles se joignirent aux soldats dans ce « jeu » redoutable et sans merci. Ils possédaient, tout comme leurs compagnons humains, un livret militaire et un numéro matricule. Plus de mille chiens de reconnaissance ou de chiens messagers se montrèrent d'une résistance et d'une efficacité à toute épreuve. Si, parmi ceux qui prirent part aux combats (à Guam, à Okinawa, à Guadalcanal et dans les autres îles…), vingt-cinq y laissèrent leur vie, aucun ne tomba dans les guets-apens des Japonais. Ainsi, Kurt, en 1944, avait découvert – et donc fait éviter à son peloton – un piège particulièrement tordu et potentiellement meurtrier. Il donna l'alerte, et environ deux cent cinquante personnes eurent la vie sauve grâce à lui. Selon le témoignage des anciens soldats, ces chiens se révélèrent « aussi indispensables qu'un fusil ».

Le plus petit soldat de la Seconde Guerre…

… s'appelait Smoky et ne pesait que deux kilos. Ce yorkshire terrier femelle accompagna son maître, un G.I., dans la guerre du Pacifique. Certes, Smoky était la mascotte des troupes, qu'elle égayait volontiers de ses tours, mais ne vous y méprenez pas : cette brave chienne avait sa place et son rôle (ses rôles, même !) dans le 26e escadron de Reconnaissance photographique de la 5e Air Force. Et elle prit part à pas moins de douze missions de combat, en plus des affrontements de Bornéo et du Sud-Philippines. Chapeau !

Smoky, courageuse combattante

MOURKA, LE CHAT HÉROS DE STALINGRAD

La ville symbole

Du 17 juillet 1942 au 2 février 1943, soit 199 jours, la ville de Stalingrad (Volgograd actuellement) fut l'objet des attaques déchaînées de la Wehrmacht. La victoire de l'Armée rouge, au prix de combats sanglants[24] et d'actes héroïques exceptionnels, fut le tournant décisif de la Seconde Guerre mondiale, notamment par sa portée symbolique : la certitude de la victoire finale chassa définitivement le doute dans le camp des alliés. Parmi les héros qui ont laissé leur nom à la postérité, il y a le chat Mourka.

Ni vu ni connu

La ville dut être conquise rue par rue, les affrontements étaient sans merci. S'exposer représentait dès lors un risque énorme. Transmettre des renseignements indispensables sur les positions ennemies – quoique nécessaire – devenait une opération suicidaire. Par quel moyen garder le contact avec le quartier général ?

24. Avec le triste bilan de deux millions de victimes, dont plus de deux cent mille civils, pour l'une des batailles les plus meurtrières de l'histoire.

Le messager Mourka

Un chat errant répondant au nom de Mourka incarna la solution. L'inespérée ! La seule ! La meilleure ! Ce chat errant porta de nombreux messages, évitant ainsi aux hommes de prendre des risques démesurés.

Grâce leur soit rendue !

Pendant la Première Guerre mondiale, plus de cinq cent mille chats ont gardé les stocks alimentaires de l'armée britannique - en raison de leur talent de chasseurs de rongeurs - ou ont été utilisés pour détecter les gaz ennemis.

MUSCHI ET MOFFI, LES CHATS BAGARREURS D'ANNE FRANK

Des chats juifs…

Pas vraiment ceux d'Anne Frank, quoique…

C'était, en fait, les deux chats de Gies & Co, société créée par le mari d'une des employées d'Otto Frank, le père d'Anne, pour éviter que les entreprises de cette famille juive soient confisquées par les Allemands et pour l'aider ainsi à conserver sa source de revenus.

En juillet 1942, la famille Frank quitta sa maison pour « l'Annexe », un local aménagé en cachette avec la complicité de plusieurs employés non juifs. Les Frank furent bientôt rejoints dans leur refuge par les Van Pels (la famille de Peter), puis par un dentiste, F. Pfeffer. Au cours des deux années passées dans l'Annexe (1942-1944), avec la peur au ventre - ils finirent par être découverts par la Gestapo et déportés -, Anne rédigea son célèbre Journal.

L'Allemand ou l'Anglais ?

Les deux minets de Gies & Co avaient pour mission d'éloigner les rats : l'un devait se charger de l'entrepôt et du bureau, l'autre du grenier. Leurs rencontres fortuites entraînaient presque toujours de grandes batailles. Anne Frank explique le choix politique de leurs noms : Moffi (diminutif de moff, « boche » en néerlandais), le chat de l'entrepôt, l'attaquant, était l'allemand. Tommy[25], celui du grenier - qui finissait en général par avoir le dessus -, l'anglais. Les victoires de l'un ou de l'autre chaton étaient souvent vécues par les habitants de l'annexe comme un présage - heureux ou malheureux - de l'issue future de leur propre situation.

---

25. Néanmoins, c'est de Tommy qu'on se débarrassa, en gardant Moffi, puisqu'un autre chaton, Muschi, arriva avec Peter, l'enfant des Van Pels.

Muschi, le maladroit

Peter Van Pels, l'ami d'Anne Frank, avait amené son chat Muschi dans l'Annexe[26]... au mécontentement de la jeune fille qui, en déménageant dans la cachette, avait été contrainte d'abandonner Moortje, sa chatte adorée. Néanmoins, Muschi - gentil et joueur - devint vite le protégé des enfants, et cela malgré ses nombreuses maladresses...

Ainsi, celle qui correspond à l'entrée du 10 mai 1944 dans le Journal d'Anne : Muschi avait pissé à côté de la litière, au-dessus d'une fente dans le plancher des combles. L'urine traverse le plafond et s'égoutte sur le stock de pommes de terre, puis dans la pièce *« entre une pile de chaussettes et un livre posés sur la table*[27] ».

La scène est décrite comme mi-drôle mi-sérieuse : les pommes de terre sont imprégnées malgré les efforts soutenus de Peter qui s'empresse de tout laver à l'eau et à la poudre de chlore (l'odeur de l'urine de chat est très forte),

...

26. Ils ont vécu à huit dans la cachette secrète de la famille Frank. Après leur arrestation, le journal d'Anne a été récupéré par Miep Gies. De tous les habitants de l'Annexe, seul Otto Frank, le père, est revenu vivant des camps de concentration. Anne mourra en mars 1945.

27. Anne Frank, *Le Journal d'Anne Frank*, Calmann-Lévy, 1989.

...
son père tente de calmer les esprits, alors que le pauvre coupable s'est caché sous une chaise en attendant que la tempête s'éloigne. Sacré Muschi ! Muschi aurait disparu peu avant la descente de la Gestapo, puis serait revenu sur les lieux environ deux semaines plus tard – selon les dires de Miep Gies, l'amie de la famille Frank.

SINBAD, UN ANGE PROTECTEUR

Wolfpack (« meute de loups ») était un escadron de chasse de la marine américaine pendant la Seconde Guerre mondiale. Le colonel Fred J. Christensen en faisait partie et Sinbad, le petit chat noir qu'il avait adopté en Grande-Bretagne, aussi... Enfin, en quelque sorte, puisque le beau matou accompagnait le brave colonel dans certaines de ses missions, caché dans le cockpit de son appareil. Son vaillant maître revenait toujours sain et sauf de ses missions, qui étaient, la plupart du temps, de belles réussites. Reconnu comme un as (en février 1944), Christensen avait effectué plus de 100 vols de combat et il avait abattu pas moins de 22 avions de combat allemands, ce qui lui a valu d'être classé 12ᵉ parmi les Army Air Force et 7ᵉ parmi les as de la Huitième Armée de l'air.

Sinbad devait y être pour quelque chose, le pilote en était persuadé. À la fin de la guerre, en rentrant aux États-Unis, le colonel – qui adorait le jazz et allait troquer de bon cœur son uniforme de soldat contre celui de musicien (il jouait à la fois du piano et de la clarinette) – emmena Sinbad avec lui. Et quelle ne fut sa surprise quand il découvrit que c'était en réalité une femelle !

Sinbad, l'as de l'aviation,
dans son cockpit

SIMON, LE CHAT DÉCORÉ

Larguez les amarres !

Simon, chaton errant sur les docks de Hong Kong, arriva clandestinement à bord du destroyer *Amethyst* en mars 1948. Il sut conquérir rapidement le cœur du capitaine, qu'il accompagnait librement dans ses rondes. Quand, l'année suivante, Bernard Skinner, le nouveau capitaine, arriva sur le navire, Simon n'eut aucun mal à garder ses privilèges auprès de celui-ci. S'il l'impressionnait par ses qualités de chasseur de rats, son dévouement et sa bonne humeur n'étaient pas en reste. Mais ce fut son courage lors de ce qu'on appelle aujourd'hui « l'incident du Yang-Tseu » qui lui valut d'être décoré de la Dickin Medal.[28]

L'incident du Yang-Tseu

Ce 20 avril 1949, la frégate Amethyst naviguait sur le Yang-Tseu-Kiang avec pour mission de protéger le personnel de l'ambassade britannique en cas d'attaque par les forces populaires chinoises. Néanmoins, elle se retrouva au milieu des tirs de canons des communistes. Un obus toucha la cabine

28. L'équivalent de la Victoria Cross pour les animaux.

du capitaine, le tuant. Voulant échapper à l'attaque, le bateau s'échoua sur l'île Rose. Une vingtaine de morts furent à déplorer, ainsi que trente blessés. Simon avait échappé à l'explosion, mais il était grièvement blessé : quatre éclats d'obus l'avaient atteint, il était déshydraté et son état général s'avérait préoccupant. À son arrivée à l'infirmerie, on lui donna peu de chances de survie. C'était sans compter sur sa propre volonté. Ou alors oublier que les chats ont plusieurs vies... Quoi qu'il en soit, Simon s'accrocha à la sienne, et lentement il reprit vie. Le bateau restant bloqué, la nourriture se faisait rare. Les rats proliféraient et s'attaquaient aux provisions de l'équipage. Simon retrouva donc tout naturellement son rôle de chasseur. Et entre deux parties de chasse, il réconfortait – avec bonheur – les marins convalescents à l'infirmerie.

Un valeureux héros

Dix semaines passèrent ainsi avant que l'*Amethyst* puisse enfin se dégager, le 30 juillet au soir, et redescendre le fleuve en réussissant, non sans péripéties, son évasion. Retour triomphal pour l'équipage et pour le petit chat Simon qui se vit décoré et honoré pour sa bravoure

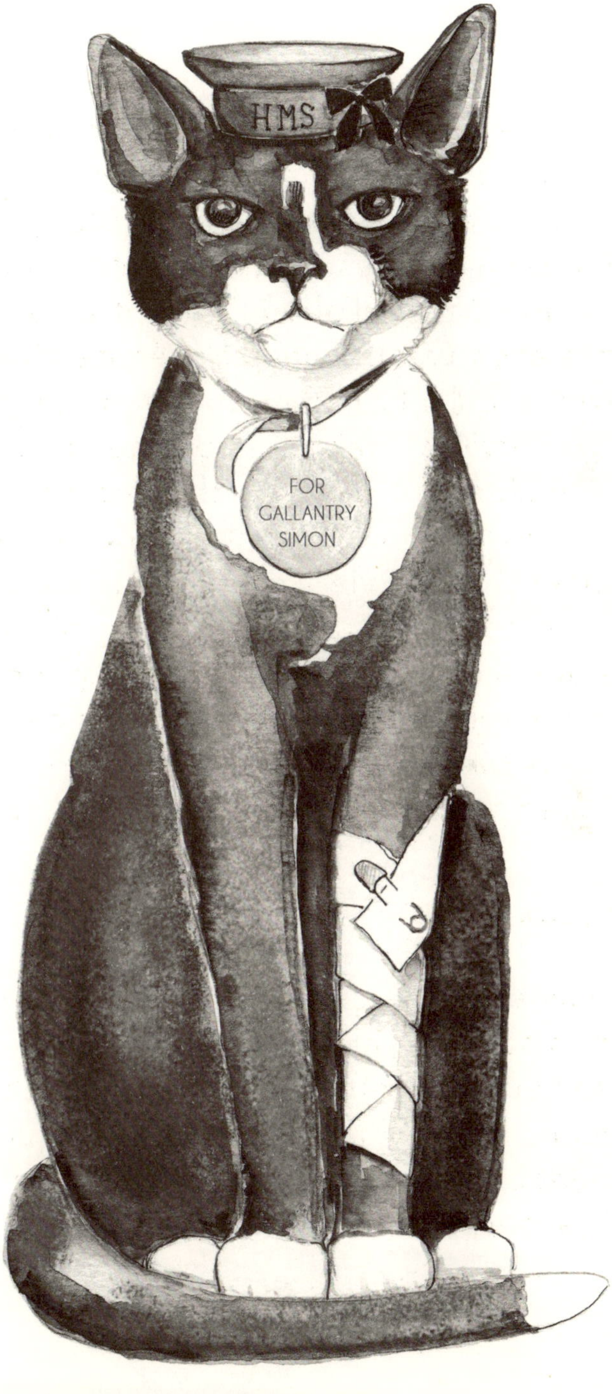

Simon, récompensé pour sa bravoure

Contre gîte et couvert : les chats sur les navires

Depuis des siècles, les chats étaient présents à bord des bateaux (c'est d'ailleurs ainsi que l'espèce s'est propagée à travers le monde). Leur mission ? Exterminer les rats qui hantaient les cales. Dès le XVe siècle, les compagnies d'assurances génoises ont compris l'importance des services apportés par les chats aux armateurs et ont refusé de rembourser les dégâts provoqués par les rongeurs s'il n'y avait pas un chat à bord. Néanmoins, les chats remplissaient aussi le rôle d'animaux de compagnie auprès des marins en comblant leur solitude.

En France, c'est Colbert (1619-1683), ministre de Louis XIV, qui officialisa la présence des chats à bord des navires. On lui attribue d'ailleurs cette phrase célèbre : *« Ce navire est en état de naviguer : il y a deux chats à bord. »*

LE COURAGE HORS DU COMMUN D'UN BERGER ALLEMAND LORS DE LA GUERRE DU VIÊT NAM

Que dire encore de cette guerre injuste et brutale (mais ne le sont-elles pas toutes ?), déjà très médiatisée à l'époque ? Qu'elle fut longue (1955-1975) et inégale.

Que face à la complexité du terrain et des troupes en conflit, l'armée américaine eut - une fois de plus - recours aux chiens. On comptait sur leurs sens, combien de fois supérieurs à ceux de l'homme, pour des missions de patrouille et de reconnaissance dans la jungle, mais aussi de détection de pièges, de prévention, de déminage... Ces unités d'infanterie composées de soldats et de chiens se montrèrent efficaces au point qu'elles étaient devenues les cibles privilégiées des Viêt-congs.

Parmi ces chiens bien entraînés, dont la plupart allaient laisser leur vie dans le conflit, le comportement de Nemo (matricule A534) force l'admiration. Ce berger allemand accompagnait, en décembre 1966, son maître en mission de surveillance sur la base aérienne de Tan Son Nhut, dans les environs de Saïgon. Cette nuit-là, il alerta celui-ci, le soldat Bob Thorneburg, de la présence de l'ennemi. Ils allèrent aussitôt à l'encontre des assaillants, mais furent tous les deux touchés par les balles adverses. Nemo, dont une balle avait traversé l'œil jusqu'à l'oreille, n'hésita pas une seconde : il se jeta sur les attaquants, laissant ainsi le temps à son maître de se coucher à terre. Puis il continua à le défendre farouchement jusqu'à l'arrivée des renforts. Par chance, ses blessures - quoique graves - purent être soignées, et il retourna au Texas, alors que son maître fut transporté dans un hôpital au Japon.

LES CHATS CUBAINS DE L'OPÉRATION MONGOOSE

Mongoose est le nom d'une opération organisée à Cuba par la C.I.A. dans les années 1960 et qui avait pour but de provoquer la chute de Fidel Castro. Elle consistait en la destruction des récoltes cubaines par le feu. Ces incendies criminels étaient donc mis au point par des agents américains infiltrés, avec l'aide des... chats. Enfin, façon de parler, car on utilisa cruellement les pauvres minets sans leur demander leur avis. On allumait des chiffons imbibés d'essence et on les attachait à la queue des animaux. La peur et la douleur faisaient le reste. Les malheureux félins s'enfonçaient affolés dans les champs qui s'embrasaient sur leur passage...

ACOUSTIC KITTY

L'espion qui miaulait...

La guerre froide a été l'âge d'or des gadgets d'espionnage en tout genre. Rappelons-nous le théâtre des opérations : les Soviétiques d'un côté, l'Occident de l'autre... et, entre les deux, la propagande, la guerre

Kitty, la chatte hybride

économique, la course à l'armement, les réseaux d'espionnage.

Dans ces années troubles (1950-1970), la C.I.A. joua parfois les apprentis-sorciers... Une de ses fausses bonnes idées fut celle d'utiliser la cochlée (dans l'oreille interne) d'un chat pour espionner l'ennemi. On implanta donc un micro dans le canal auditif du pauvre minet, on compléta le dispositif par des piles et un émetteur radio placés dans son ventre, on termina en greffant une antenne de transmission dans sa queue. Cinq années de préparation, un coût exorbitant (seize millions de livres)... pour une opération ratée dès le premier essai sur le terrain.

Opération ratée

Imaginons la scène tirée non pas d'un film (qui serait d'une qualité douteuse), mais de la pire réalité : un jardin public, les agents cachés dans leur camionnette truffée d'appareils sophistiqués et de matériel. Enfin, tout le bataclan... Et le malheureux chat, Acoustic Kitty. On le fait sortir pour les premiers tests, à savoir surprendre des conversations secrètes... Mais le chat bionique se fait écraser sur-le-champ par un taxi qui passait par là...

Charette, carriole, brouette, bricole, trinqueballe, voiturette…

Pendant les deux guerres mondiales, en France, les chiens avaient souvent rempli le rôle d'ambulanciers, transportant les blessés dans les hôpitaux de campagne. Ils avaient servi aussi au déménagement des familles qui fuyaient le front. Par ailleurs, tâche moindre, ils tractaient les bidons de lait du laitier…

Près de 150 000 chiens de trait étaient recensés en Belgique en 1900. Leur présence – importante – était attestée dans presque toute l'Europe à cette époque.

LE CHIEN BOBBY ET LA DIGNITÉ DE LA PERSONNE

Le philosophe Emmanuel Levinas (1906-1995) raconte dans *Nom d'un chien et le droit naturel*[29], essai paru en 1963, sa détention en tant que prisonnier de guerre en Allemagne. Miséreux, persécutés, devant

29. Emmanuel Levinas, « Nom d'un chien ou le droit naturel », *in Difficile liberté*, 3e éd. revue et corrigée, Livre de poche, 1976, p. 213-216.

obéir aux ordres des gardiens, les détenus avaient perdu leur humanité. Nous n'étions plus au monde. Et voilà qu'un chien errant fit son apparition au camp. Ils l'appelèrent Bobby, comme il convient à un chien chéri. En sautillant et en aboyant, Bobby leur montrait sa joie à chaque rencontre, matin et soir. Pour lui – c'était incontestable – nous fûmes des hommes.

MAUDITES BÊTES

« NI ÂME, NI RAISON, NI SENTIMENT[30] » : VRAIMENT ?

Eh bien, amis des animaux, sachez que si votre amour des bêtes a été partagé, dans le passé, par de grands penseurs comme Pythagore, Montaigne ou Voltaire, le camp « adverse » n'en compte pas de moins grands. À n'en citer que trois (par souci de franc-jeu), parmi ces derniers : Hippocrate Descartes et Malebranche.

Commençons tout de même par ceux qui considéraient que les animaux sont des machines dépourvues de sentiments, pour terminer par les amis des bêtes…

Poussé par sa soif de connaissance, en anatomie notamment, Hippocrate ne refusait ni vivisection ni dissection pour atteindre son but. Dans son sillage,

30. Victoria Vanneau, *Le Chien. Histoire d'un objet de compagnie*, Éditions Autrement, 2014.

d'autres scientifiques, comme Galien[31] ou, plus près de nous, Pavlov, ont continué d'ignorer la sensibilité des animaux et ont cautionné ainsi les mauvais traitements envers ceux-ci.

Les animaux ne souffrent pas !

Telle est la réponse trouvée par Descartes à l'épineuse question théologique sur l'existence du Mal dans le monde : les animaux ne descendant pas d'Adam (ni d'Ève) et n'ayant pas de libre arbitre (la notion de péché ne s'applique donc pas dans leur cas), comment expliquer leur souffrance ? Eh bien, leur souffrance n'est qu'une apparence, leur douleur n'en est pas une. Ce point de vue - effrayant - a malheureusement beaucoup pesé dans la pensée européenne et a influencé durablement la relation de l'homme avec les animaux.

31. Galien (vers 131-vers 201) était un médecin grec de l'Antiquité, dont l'autorité s'est étendue jusqu'à la Renaissance. Il avait pratiqué de nombreuses dissections d'animaux, dont celles de chiens.

POUR FAIRE TAIRE LES MÉDISANCES

Alcibiade, le grand chef militaire athénien, compagnon de Socrate et pupille de Périclès, avait un chien beau et grand, qui attirait des regards admiratifs. Il est vrai que son achat lui avait coûté cher. Néanmoins, à la stupéfaction de tous, un jour, ce beau chien apparut mutilé : le fourbe général avait fait couper la queue de son animal favori pour offrir un sujet de conversation à la société et la détourner ainsi d'autres sujets plus fâcheux le concernant. Un scandale censé en chasser un autre : ça ne vous dit rien ?

« Ces chiens-là ne servent strictement à rien[32]. »

Au Moyen Âge, on considérait avec un certain mépris les petits chiens, censés surtout plaire aux femmes et, éventuellement, soulager les maux de ventre. On les surnommait, de ce fait, « chaufferettes ».

---

32. John Caius, médecin des enfants d'Henri VIII et auteur d'un livre sur les chiens: *Englishe Dogges* (1570). *Apud* Katharine MacDonogh, *Histoire des animaux de cour*, Éditions Payot & Rivages, coll. « Petite Bibliothèque Payot », 2011, p. 90.

L'« ÂGE NOIR » MÉDIEVAL : LE CHAT DIABOLIQUE

La chute de l'homme de Dürer

Cette gravure de 1504 – l'une des plus connues de Dürer – représente Adam et Ève au paradis. Ève s'apprête à saisir le fruit de l'arbre de la Connaissance. Plusieurs animaux (l'oiseau, le lapin, le taureau…) se retrouvent réunis dans une savante composition : ils représentent les humeurs du tempérament humain. Au premier plan, une souris (la faiblesse de l'homme) est la proie d'un chat (le Mal !), dont la queue entoure le pied de la femme en train de se laisser tenter par le serpent.

La bête à abattre

Au Moyen Âge, l'animal était souvent traité comme l'égal de l'homme. Redoutables (comme l'ours, le loup, le sanglier, le cerf…) ou appréciés en tant qu'aliments (comme les poissons, le cochon ou la volaille), les animaux étaient très présents dans la vie quotidienne et certains accompagnaient à la fois le guerrier, le paysan et le chasseur.

Enseigne d'auberge au Moyen Âge

Cette cohabitation entre hommes et animaux ne se passait pas toujours sans heurts, et l'on s'étonne aujourd'hui des nombreux procès intentés à des bêtes pour... pillage, vol ou meurtre. Rien de tel qu'une punition sévère pour inspirer l'horreur du crime à la fois chez l'animal et chez son propriétaire.

Nous avons du mal à comprendre aujourd'hui un tel raisonnement. L'homme médiéval, lui, vivait dans un monde fragile. Des craintes de toutes sortes le tourmentaient : celles de l'étranger (mendiant ou vagabond), de la famine et de la maladie, de la guerre et des invasions, auxquelles s'ajoutaient des craintes obscures, remontant des croyances ancestrales, comme la peur du diable et de la sorcellerie, ou celle de l'enfer avec son idée du châtiment sans fin.

Un chasseur-né

Le haut Moyen Âge n'est pas totalement hostile au chat - comme on serait tentés de le croire - celui-ci étant plutôt apprécié par les paysans en raison de ses talents de chasseur de souris et de rats. Ce n'est pas encore un animal d'agrément, certes, mais grâce à cette vocation utilitaire, il avait gagné sa place dans le foyer, où il pouvait circuler librement d'une pièce à l'autre, mais aussi à l'extérieur de la maison. On le désignait par des mots affectueux (*Le Roman de Renard* mentionne ainsi l'expression « si l'une est chatte l'autre est mite », ce dernier terme étant flatteur) et on lui donnait même un nom, mais très peu sont arrivés jusqu'à nous. Des auberges portaient des enseignes dédiées au chat. Selon les archives, il arrivait aussi qu'on se querellait à son sujet : comme pour s'être fait voler son chat par son voisin.

Prenons comme gage ce chat !

Le Senchus Mor, un recueil de lois irlandais constitué aux alentours des années 440, mentionnait parmi les objets à prendre comme gage pour une durée de deux jours « le chat noir et blanc ». Sûrement une des races préférées à l'époque !

Un animal à fourrure...

Moins bienveillant que ce qui précède – mais des documents l'attestent –, on faisait au Moyen Âge commerce des peaux de chats sauvages, nombreux à cette époque, et parfois même de chats domestiques. On lit ainsi qu'il était interdit aux abbesses de porter des fourrures plus coûteuses que celles de lapin, de chat ou d'agneau. Par ailleurs, des textes hagiographiques nous apprennent également qu'on recourait parfois à ces fourrures « viles » en raison de la protection qu'elles offraient contre le froid. Un exemple parmi tant d'autres, saint Wulstan préférait la peau d'agneau à celle de chat, puisqu'on dit toujours Agnus Dei et jamais Catus Dei. On oppose donc l'agneau au chat, et cette antinomie implique donc une certaine méfiance envers le second.

Le lait du chat ne fait pas de crème

Les codes gallois définissent la valeur des chats au vu de leur rôle de gardien des récoltes contre les rongeurs. Parmi les critères spécifiques aux différentes régions du pays de Galles, celui – pour le moins saugrenu – de la comestibilité de leur lait. Et pour qu'il ne reste l'ombre d'aucun doute, il est précisé aussitôt que les trois laits sans valeur sont ceux du chat, du chien et de la jument !...

Un mets à déguster en cachette

Encore plus affolant, le chat était parfois consommé à table... Certes, ce fut le plus souvent une nourriture choisie par nécessité en temps de famine et de malheur, comme pour le cas d'autres animaux familiers (l'âne, le cheval ou le chien). Néanmoins, des fouilles archéologiques (à Besançon, à Douai...) ont révélé des squelettes de chats avec des marques de découpe spécifique attestant ainsi la consommation de l'animal au Moyen Âge.

« Pauvre médor ! Comme il se serait régalé[33] ! »

On atteste, aux moments de disettes, la consommation de viande de chien : ainsi, lors du siège de Paris, en 1871, sa vente est autorisée. Il faut dire qu'on mangeait alors de tout : du cheval, du chien, du chat, et même du rat. Face au désespoir et à la privation, les animaux du zoo ont été également sacrifiés (dont les deux éléphants, Castor et Pollux). Certes, on avait prévu des réserves de vivres, mais elles avaient été vite consommées, et les bombardements prussiens et l'arrivée du froid n'arrangeaient rien.

Les journaux publiaient les tarifs pour la viande de chien, de cheval ou de chat, ces animaux familiers qu'on ne consomme pas en temps ordinaire. Jules Renard (1864-1910) relate plus tard dans son *Journal* l'histoire d'un homme qui, n'ayant plus rien à se mettre sous la dent, sacrifie son pauvre chien, puis, une fois son repas

33. Jules Renard, *Journal 1887-1910*, Robert Laffont, 1990 (entrée du 12 février 1908).

terminé, regarde les os, pense à son chien et se dit : « Comme il se serait régalé ! »

Du côté du mal

Sculptures, tapisseries, peintures… L'art médiéval est avant tout un enseignement religieux, et les animaux des symboles à décrypter. Du côté du Bien se rangent le lion, la panthère, la licorne, le cerf, l'aigle, le pélican et le phénix (qui symbolisent tous le Christ) ; du côté du Mal, le crocodile, le dragon, le loup, l'ours, le renard et le singe (qui figurent le diable)…

Cette symbolique tire sa source principalement de l'Ancien et du Nouveau Testament. Et le chat dans tout cela ? Sa place ? Son rôle ? Eh bien, la Bible ne parle pas du chat. Dans le bestiaire du livre saint, le chat n'a pas trouvé de place.

Et pourtant, il n'est pas entièrement absent, loin de là : on peut en voir de nombreuses illustrations dans la décoration des manuscrits durant tout le Moyen Âge ; il apparaît en compagnie de souris dans les bestiaires, sur les enluminures, dans les manuels de chasse ou dans les traités de médecine, dans les livres d'heures… Sa représentation est souvent naïve et empreinte d'humour.

Profession : Bibliothécaire !

Le chat vivait couramment dans les monastères et les moines s'en accommodaient fort bien, et même ils en faisaient leur ami, comme nous le lisons dans le conte Le Chat de l'ermite, dont plusieurs versions circulaient et qui connaissait un réel succès.

Les premiers livres, recopiés à la main par les moines et les copistes, étaient précieusement gardés dans les bibliothèques. Empêcher les rongeurs de les détruire devenait donc une priorité absolue. Depuis les premiers monastères chrétiens et jusqu'à présent, le chat, en tant que chasseur de rats, remplit avec panache le métier de… conservateur de bibliothèque. À sa façon, bien entendu !

Un diable en forme de chat : l'hérésie cathare

Le chat ne pouvait donc manquer à la panoplie quand il s'agit d'accuser les hérétiques, notamment les cathares, dont le nom même semble mettre en exergue le petit animal, autour d'une étymologie controversée. Le mot vient du grec *katharos*, qui signifie « pur ». Il ne fut d'ailleurs jamais utilisé par les concernés eux-mêmes, mais seulement par leurs adversaires avec, évidemment, une connotation infamante. En 1163, le moine allemand Eckbert de Schönau utilisa le premier ce terme dans ses sermons. Quelque trente ans plus tard, le polémiste catholique Alain de Lille notait l'étymologie latine de *catus* (« chat ») et l'expliquait par le fait que les cathares *« baisent le derrière d'un chat sous la forme duquel leur apparaît Lucifer… »*. L'injure se fondait sur la croyance cathare qui imputait au principe du Mal la création du monde visible ; or, dans beaucoup de traditions médiévales, notamment en Allemagne, le chat était l'animal symbolique du diable. Il était donc facile (et si tentant!) d'affirmer que les cathares adoraient le créateur du Mal sous l'apparence d'un grand chat blanc ailé. Il est significatif, par ailleurs, que le mot allemand médiéval *Ketter*, qui veut dire « hérétique », dérive de *Katte*, « chat » (en allemand moderne *Ketzer* et *Katze*).

En réalité, adeptes de la doctrine de la réincarnation, les cathares attribuaient aux animaux l'intelligence et la faculté de connaître. Végétaliens, ils refusaient de consommer la chair des animaux par refus de tuer et de faire souffrir, mais aussi parce que ces derniers *« possédaient une âme céleste »*. Quant à leurs rapports réels avec le chat, il n'y en avait probablement pas, et finalement ils s'en méfiaient plus qu'autre chose[34].

34. Les cathares distinguaient, semble-t-il, les animaux de Dieu et les animaux du diable, et le chat aurait pu être associé à ce dernier (voir bibliographie, Laurence Bobis, *op. cit.*, p. 209).

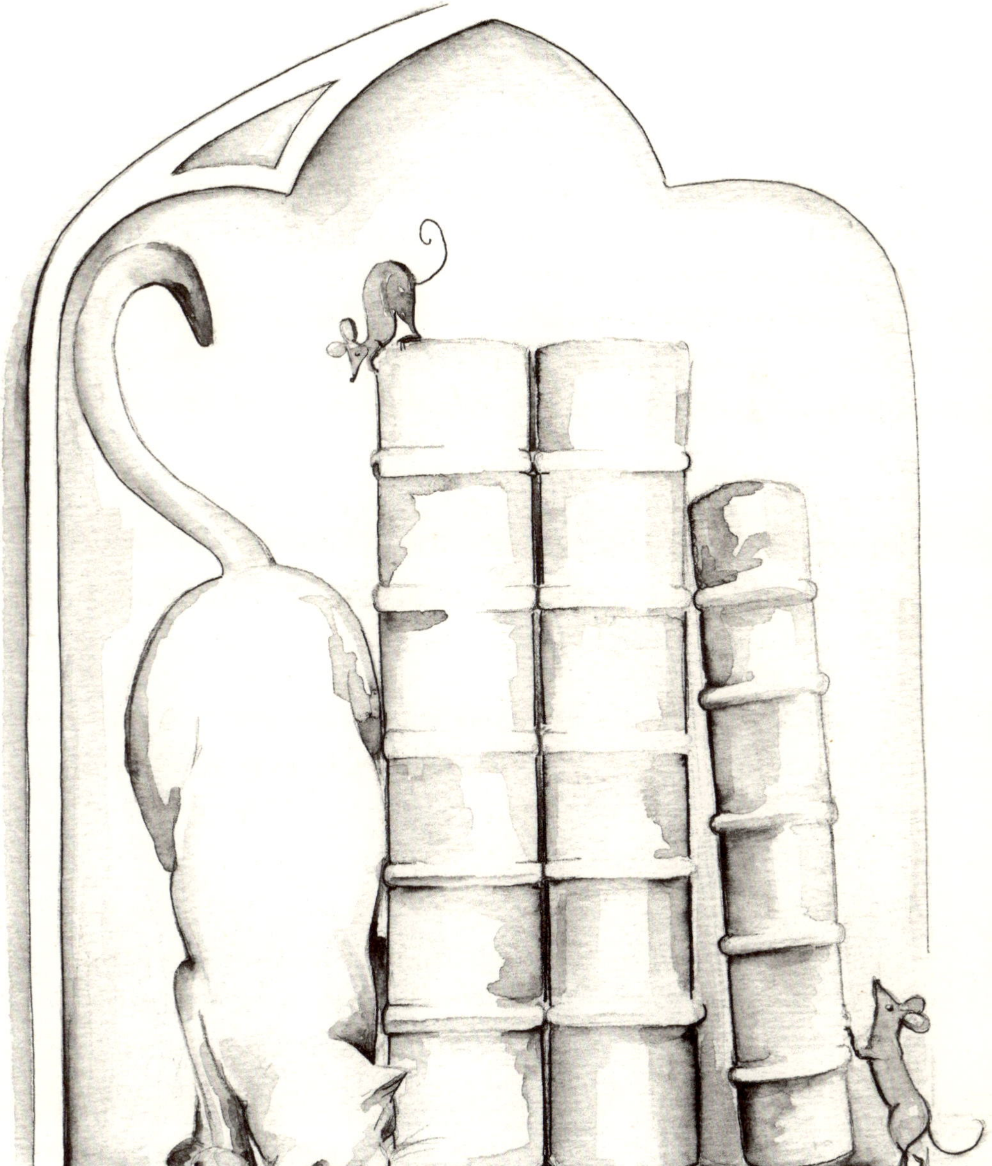

Chat de monastère

Les chevaliers du temple : le procès

Baphomet, le chat satanique

Lors du procès des Templiers, un nom qui intrigue revient dans les aveux de ces derniers : Baphomet. Ce serait une mystérieuse idole païenne vénérée par les chevaliers du Temple. On la décrivait comme un chat ou comme une tête à trois visages, alors que d'autres niaient en avoir connaissance.

Il est difficile de retrouver avec précision l'origine et, surtout, la signification de cette figure si controversée.

Plusieurs hypothèses ont été avancées, notamment depuis que l'occultiste Éliphas Lévi (*Dogme et rituel de la haute magie,* 1861) a publié un dessin de Baphomet sous la forme d'un bouc cornu et ailé, androgyne au corps d'homme et aux seins de femme, et suggéré une explication du nom comme dérivé d'un code cabalistique : *Templi omnium hominum pacis abbas* (soit, en traduction littérale, « le père du Temple de la paix entre les tous hommes »).

Représentation du diable pour les uns (et donc objet d'adoration), symbole spirituel supérieur que seuls les initiés comprennent, pour d'autres : une fois de plus, le chat est malgré lui relié à quelque chose d'énigmatique, d'ambivalent…

L'ordre du Temple, fondé en Palestine en 1118, après la première croisade, avait pour but de défendre les lieux saints et de protéger les pèlerins. Hugues de Payns et Geoffroy de Saint-Omer en furent les fondateurs. Contemporains des cathares (1147), les Templiers - qui dépendaient, ne l'oublions pas, du roi et du pape et qui n'auraient donc pas pu leur désobéir ouvertement - n'avaient tout de même pas participé à la croisade contre les albigeois. Néanmoins, on soupçonne qu'il y avait eu des contacts, des sympathies ou des aides entre les uns et les autres.

Chat du diable, chat du curé

À Reipertswiller, à la fin du XIXe siècle, un chat noir montait la garde dès la tombée de la nuit devant la chapelle Saint-Wendelin. Il ne se laissait pas approcher et semblait prêt à attaquer ceux qui auraient essayé de l'importuner. On fit des pressions sur le curé pour qu'il asperge d'eau bénite l'entrée de la chapelle. Et le chat disparut. Évidemment, c'était le chat du diable ne manquèrent de se dire les villageois. Puis, quelque temps plus tard, ils apprirent que le curé avait confié le chat à son confrère de Wimmenau.

À bon entendeur…

Quoi qu'il en soit, comme dans le cas des cathares, on accusa les Templiers de vénérer un grand chat, dont la couleur variait : rouge, gris, noir ou tacheté… – mais dont la nature démoniaque ne faisait pas de doute – du moins pour les impitoyables inquisiteurs. On évoquait, là aussi, le rituel d'embrasser ce chat sous la queue. Ainsi, Bernard de Salgues, commandeur de Saint-Gilles, avoua avoir pris part à une cérémonie pendant laquelle le diable était apparu en majesté sous la forme d'un chat qui avait promis la prospérité à l'assistance. Bertrand de Silva reconnut, quant à lui, avoir adoré un chat qui répondait à toutes les questions qu'on lui posait. D'autres Templiers ont confessé les mêmes fautes (avoir vénéré ou baisé au derrière un chat dont la description comporte des variations), à la suite de ces interrogatoires. Les aveux, obtenus sous la torture, laissent pourtant penser que la plupart de ces accusations étaient improbables, d'autant plus qu'elles étaient imputées à d'autres ennemis du roi Philippe le Bel.

Sans entrer dans le débat houleux, et qui n'en finit pas de rebondir, suscité par cet épisode controversé de l'histoire médiévale, signalons que de nombreuses légendes sur l'ascension et sur la fin tragique des « pauvres Chevaliers du Christ » ont été engendrées tout au long des siècles passés – légendes liées au mythe biblique de la construction du temple de Salomon, à la quête du Graal, à l'ésotérisme templier et au mystérieux trésor de l'Ordre, etc. –, et elles continuent de nourrir l'imaginaire à notre époque. Le chat s'y glisse à pas de velours, se plaçant au cœur des questionnements et déclenchant constamment autour de lui des sentiments forts, tant positifs que (surtout) négatifs, comme il sait si bien le faire... Néanmoins, on constate que la diabolisation du petit félin entra dans l'arsenal de lutte contre les hérésies : ce ne fut, hélas, que le début d'une longue série de superstitions entraînant le malheur de notre cher ami...

Saint-Jean-de-Chevelu : la montagne de la Dent du chat

La célèbre Dent au sommet de la montagne, puis près du col (du Chat, évidemment), sur le versant du lac du Bourget, une empreinte dans le rocher évoque la tête d'un… chat. Décidément, le chat y est un peu omniprésent à Saint-Jean-de-Chevelu, la configuration du relief se prêtant à des explications qui le mettent en valeur. Et pour cause…

Il y a longtemps, un chat gigantesque vivait caché au sommet de la montagne (qui s'appelait déjà « du Chat »). Ce terrible félin avait une règle qu'il respectait sans faillir : laisser passer dix-neuf personnes, mais la vingtième il la tuait (la légende ne précise pas pourquoi).

Un jour, un soldat rentrait chez lui en permission et s'apprêtait justement à franchir le col quand il apprit qu'il portait le numéro fatidique.

Il rassembla tout son courage et tua le monstre, qui dévala la montagne pour disparaître dans les eaux du lac du Bourget. D'ailleurs, on n'est pas sûrs qu'il soit complètement mort… Lorsqu'il est en colère, il arque son dos rond et hérisse ses poils en faisant chavirer les barques.

L'œil sec du chat

Les yeux du chat ont toujours fasciné l'homme : leur éclat métallique dans l'obscurité, leur regard mystérieux, hypnotique, voire indifférent, comme dépourvu de sentiment.

Est-il bon ? Est-il mauvais ?

Une jolie légende veut que tous les animaux se soient jadis rassemblés pour pleurer la mort de bouddha. Peut-être pas tous... car le serpent et le chat, eux, se tenaient immobiles dans leur coin et ne pleuraient point. Soudain, une souris surgit de nulle part et se mit à lécher l'huile de la lampe funéraire. L'assemblée se figea de stupéfaction devant tant d'irrévérence. Le chat, lui, sans état d'âme, bondit vers la souris et n'en fit qu'une bouchée.

Ah, quelle infamie ! Quel sacrilège de déshonorer ainsi la mémoire du Maître, en commettant un meurtre !... À moins qu'il ne faille y voir le signe d'une sagesse supérieure : dès le début, le chat aurait su dominer ses émotions en se détachant d'un monde d'illusion.

Alors, est-il bon ? Est-il mauvais ?

Mais le sait-on vraiment ?

LES « MERCREDIS DES CHATS » À YPRES

En Flandres...

Ypres, cité drapière prospère au Moyen Âge... On y importait de la belle laine anglaise de première qualité, mais aussi des laines écossaise ou irlandaise, qu'on stockait dans la halle aux draps avant de les vendre aux artisans. Ces derniers les travaillaient par des procédés complexes, puis transformées en draps, elles reprenaient leur place dans la halle et attendaient patiemment la foire annuelle. Seulement, des souris se nichaient à l'aise dans ces draps moelleux et doux de riches... au grand dam des marchands-drapiers. Puis un jour quelqu'un arriva avec la solution : le chat. On s'empressa de lâcher dans la halle aux draps des chats affamés. Rapidement, ceux-ci remplirent leur mission et vinrent à bout des méchants rongeurs. Les marchands-drapiers se félicitèrent, mais leur plan avait un hic... Car les chats ne faisaient pas que chasser, ils se reproduisaient aussi. Et bientôt la ville d'Ypres en fut envahie. Des centaines de félins erraient désormais dans la florissante ville drapière à la recherche d'une nourriture qui se faisait rare. Ils saccageaient les plantes chez untel, ils urinaient sur la porte de tel autre... La situation devenait intenable. Comment se débarrasser de tous ces chats ? Comment faire disparaître ce nouveau fléau ? Les Yprois ne

Chasseurs de souris à Ypres

trouvèrent pas mieux que de jeter ces malheureux animaux du haut de la tour de la halle.

Certaines chroniques yproises associent le lancer de chats avec la foire qui avait lieu la deuxième semaine du carême : c'était le « mercredi des chats » inauguré en 962 par Baudoin III. Le nombre de chats jetés était, semble-t-il, variable : ainsi, les années prospères, on jetait moins de chats que les années de pénurie.

D'autres sources prétendent que cette cruelle pratique visait à rassurer les commerçants venus de toute l'Europe en faisant – symboliquement – sortir le diable de la halle aux draps, lieu des transactions. Les chats, serviteurs et complices du Malin, étaient ainsi ostensiblement bannis. Il existe donc plusieurs légendes autour des lancements de chats sans que la véritable raison de cette tradition soit connue.

Le char de Freyja

Freyja (ou Freiya), la déesse scandinave, avait pour coutume de parcourir le ciel nocturne dans un char tiré par des chats. À une époque, en Europe du Nord, on laissait des bols de lait sur les pas de porte des maisons pour nourrir les chats de la déesse… Celle-ci portait un collier d'or et d'ambre qui rendait les hommes sensibles à son charme. Quand elle mettait son manteau en plumes de faucon, elle volait d'un monde à l'autre, métamorphosée en oiseau. Enfin, de gigantesques chats tiraient son char. Évidemment, ils ne pouvaient être que… diaboliques.

… et partout en Europe

Malheureusement, les chats n'ont pas été victimes de ce triste rituel à Ypres seulement. Au Moyen Âge, c'est un peu partout en Europe qu'on torturait les chats lors des fêtes populaires, conséquence probable de l'association des félins avec la magie et les forces du Mal. En se déplaçant en silence, grâce à leurs coussinets, les minets ont le chic de surgir tout à coup, comme du néant, les yeux brillant mystérieusement dans la pénombre du soir… ce qui pouvait engendrer la peur chez les superstitieux.

Et la chasse aux sorcières fut lancée en même temps que celle des chats…

Néanmoins, le chat était lié à la sorcellerie bien avant l'époque médiévale : qu'il fût censé transporter sur son dos les sorcières se rendant au sabbat (notamment le chat noir) ou qu'il fût lui-même une sorcière, c'était invariablement une créature maléfique qui conspirait avec le diable en personne. L'Église, dans son combat contre le paganisme et la sorcellerie, a joué un rôle non négligeable dans la raison de cette association. C'est d'ailleurs à l'époque de l'Inquisition que le minou est « officiellement » considéré comme un être de malheur. Le pape Innocent VIII (1432-1492) avait rédigé une bulle qui encourageait le sacrifice des chats par le feu lors des fêtes populaires.

Brûlons ces chats !

En Écosse, des fêtes de quatre jours étaient organisées pendant lesquelles, dans l'hystérie générale, on lapidait des chats afin d'extirper le Mal dans le monde…

En Allemagne, dans le Schleswig-Holstein, on jetait du haut des églises des villages, à l'occasion du Vendredi saint, un chat incarnant Judas…

…

...

Dans les foires, le peuple s'amusait à tirer des flèches sur un chat prisonnier dans un panier suspendu. Le malheureux animal se débattait en vain sous la percée des projectiles.

Le chat-orgue, inventé en 1545 lors de la fastueuse procession de l'Ommeganck, le dimanche précédant la Pentecôte, est un autre supplice que connurent les chats : enfermés dans un orgue dont les touches oppressaient leurs queues. Les hurlements de douleur qu'ils poussaient divertissaient les spectateurs.

Place de Grève, à Paris, on faisait brûler une douzaine de chats noirs enfermés dans un tonneau sous les yeux d'une foule en liesse. Les rois de France assistaient à la cérémonie, quand ils n'allumaient pas eux-mêmes le feu.

À la fin du XVIIIe siècle, cette coutume était encore en usage à Metz, en France : Moncrif raconte, dans son *Histoire des chats* (1727), que le 23 juin, jour du solstice d'été, le gouverneur de la ville se rendait d'un pas solennel sur la place publique où un bûcher était dressé avec, au milieu, une cage remplie de chats. Le peuple assemblé pour assister au supplice croyait réitérer celui d'une vieille sorcière qui s'était autrefois métamorphosée en chat au moment même où elle allait être livrée aux flammes.

LE CHIEN JETABLE

En 1855, une loi fiscale est votée, qui institue une taxe sur les chiens. Celle-ci est fixée entre 1 franc et 10 francs, la valeur la plus élevée correspondant aux chiens de chasse et de compagnie. Les chiens « utilitaires » (de garde, de troupeau, d'aveugle...) étaient ainsi moins touchés - du moins en théorie. Face au désordre engendré par ce statut mal défini du chien, la nécessité d'affiner les critères conduisit le Conseil d'État à des spécifications plus ou moins compréhensibles : ainsi, un chien de petite taille et vivant à l'intérieur de la maison était classé dans la catégorie des chiens d'agrément en raison de son utilité « limitée ».

Les abandons se multiplient et, puisque les primes pour les chiens errants étaient tentantes, apparaît un nouveau (et triste) métier : celui de « ramasseur de chiens ». Le meilleur ami de l'homme se retrouve alors à la fourrière, et son sort est scellé : soit il sera utilisé pour l'expérimentation scientifique ou médicale, soit il sera noyé au bout de trois jours.

LE CHIEN ACCESSOIRE DE CORA PEARL[35]

Au XIXe siècle, à Vienne, les dames poussaient la coquetterie jusqu'à teindre leur chien de la même couleur que leur robe, en en faisant un accessoire de luxe.

Il faut dire qu'à Paris aussi la mode impliquait l'élégance vestimentaire, mais pas uniquement : la tendance était aux chiens multicolores…

Ainsi, Cora Pearl[36], une demi-mondaine du Second Empire, avait-elle l'habitude de se teindre les cheveux (c'est même elle qui avait lancé la mode) et elle trouvait chic de teindre aussi son chien : en bleu, par exemple, pour qu'il soit assorti à sa robe, ou en jaune, pour répondre à la couleur de ses cheveux (teints)…

LES CHIENS DE LA SORBONNE

En 1878, une plainte collective contre la Sorbonne est déposée par les habitants du Quartier latin, dérangés par des nuisances sonores venant de l'établissement.

35. Catherine Authier, *Femmes d'exception, femmes d'influence. Une histoire des courtisanes au XIXe siècle,* Armand Colin, 2015.

36. Pseudonyme d'Emma Élisabet Crouch (1836-1886).

Le responsable en était le laboratoire de vivisection installé sur le terrain vague avoisinant l'université : les pauvres chiens retenus dans ce laboratoire poussaient jour et nuit des hurlements déchirants, et leurs aboiements impressionnaient terriblement les Parisiens vivant dans le quartier. Au bout de quelques années de tergiversations procédurales, la solution finalement trouvée ne vous laissera pas de marbre : les pauvres toutous en attente d'être sacrifiés sur l'autel de la science furent abrités dans une cave éclairée donnant sur la cour du bâtiment, tandis que le chien de garde fut rendu aphone[37].

LES CHIENS BAVEUX DE PAVLOV

Selon le scientifique russe, le comportement – y compris celui des « animaux supérieurs » – n'est qu'un phénomène mécanique, une réaction à un stimulus.

Paradoxalement, les travaux de Pavlov (1849-1936) ont connu la célébrité avant même d'être véritablement découverts, puisque leur traduction du russe a eu lieu près de vingt ans après que leur auteur a reçu le prix Nobel. Ses conclusions, arrivées donc

37. Victoria Vanneau, *Le Chien. Histoire d'un objet de compagnie*, Autrement, 2014.

par l'intermédiaire de comptes-rendus de seconde main, avaient trouvé en Europe un terrain propice, tellement les savants et les penseurs de son temps s'attendaient à ce que les chiens se conduisent comme des machines[38].

DES SOINS INCONCEVABLES

Le XIXe siècle voit la consécration de l'animal-chose. Le chien devient un compagnon de vie, un ami. Deux positions se font alors face : d'un côté, celle du maître (ou, plus souvent, de la maîtresse) qui comble l'animal de caresses et de baisers ; de l'autre, la prise de position de ceux qui s'indignent devant une telle exagération affective, jugée ridicule. De bête sans valeur, le chien devient donc un « objet » qu'on achète, qu'on bichonne… Il fait même son entrée en politique.

Plus près de nous, en 1983, *The Boston Globe* publie ce qu'on a appelé par la suite « *Seamus Gate* ». Seamus est le setter irlandais de Mitt Romney, le candidat républicain à la présidence américaine. Eh bien, cet été-là, ce dernier part en vacances au Canada avec sa famille et leur chien qu'on installe, faute de place, sur le toit de la voiture, dans une cage. Faire voyager

38. Dominique Lestel, *L'animal est l'avenir de l'homme,* Fayard, 2010.

Seamus comme une vulgaire valise pendant douze heures avait scandalisé l'opinion publique américaine.

QUELQUES FÉLINOPHOBES CÉLÈBRES

« Homme ne vit qui tant haïsse au monde
Les chats que moy d'une haine profonde ;
Je hay leurs yeux, leur front et leur regard,
Et les voyant je m'enfuy d'autre part.
Tremblant de nerfs, de veines et de membre
Et jamais chat n'entre dedans ma chambre…[39] »

Ailurophobie, elurophobie, gatophobie, felinophobie

Ces termes désignent tous une peur excessive et irraisonnée des… chats. Ailurophobie (écrit parfois élurophobie) vient du grec ancien *ailouros*, « chat », et *phobos*, « peur ». Ailurophobe est donc un mot savant pour désigner les personnes qui craignent ou qui détestent les chats.

La peur des chats est relativement rare. Mais, comme toutes les phobies déclenchées par un objet

39. Pierre de Ronsard, *Œuvres complètes*, vol.6, Paris, Librairie A. Franck, MDCCCLXVI, p. 70.

extérieur à la personne concernée, elle est souvent invalidante et peut se manifester par une accélération du rythme cardiaque, des nausées, voire des crises de panique.

Comme on va le voir dans les pages suivantes, ces phobies touchent quelques têtes couronnées et quelques grands hommes, et non des moindres !

Les frères effroi et terreur…

Dans la mythologie grecque, Phobos (Effroi) est le fils d'Arès et d'Aphrodite, et le frère de Déimos (Terreur). Avec ce dernier, ils accompagnaient leur père - rapellons-le, dieu de la guerre et de la désolation - sur le champ de bataille. Phobos faisait naître la peur et la lâcheté dans le cœur des soldats, les poussant à s'enfuir…

Jules César

De nombreux rois et grands de ce monde étaient atteints de cette phobie : ainsi prétend-on qu'un vaillant guerrier comme Jules César s'évanouissait à la simple vue d'un chat. Certes, à Rome, le chat n'était pas particulièrement présent à l'époque, sauf dans la haute société. Ce sont la belette ou le furet, domestiqués, qui remplissaient le rôle de protecteur de la maison contre les rongeurs. Quant au chat... les Romains lui reprochaient sa cruauté envers les oiseaux[40], qu'on affectionnait beaucoup. Dans la maison du Faune, à Pompéi, une mosaïque montre ainsi un grand chat en train d'achever sadiquement un oiseau...

Alors, pour revenir au mythique général, une question nous taraude : comment Jules César a-t-il fait pour finalement surmonter sa peur des chats ? Puisqu'on parle tout de même de l'amant de la belle Cléopâtre, la reine d'Égypte, qui comme l'ensemble de son empire, était l'amie des félins...

Henri III

Dans les mêmes circonstances, Henri III (1551-1589) était, semble-t-il, sujet à d'importantes crises de nerfs. En tout cas, selon les archives, il ne pouvait rester seul dans une chambre avec un chat. Un vrai calvaire, tant pour Henri III que, surtout, pour les minets... En effet, l'aversion du roi pour les chats était si grande qu'il ne lésina pas sur les mesures de répression, allant jusqu'à les exterminer si l'occasion se présentait. Et il était

40. Robert de Laroche, *Chats de Rome,* photographies Jean-Michel Labat, La Renaissance du Livre, 2006.

évidemment interdit d'en posséder si on vivait à la cour...

Mauvaise presse scientifique !

Pour Ambroise Paré (1510-1590), le célèbre chirurgien de la Renaissance, dormir près d'un chat pouvait s'avérer hautement dangereux en raison des poils infectés de l'animal qui transmettrait... la tuberculose. En outre, son maléfique regard causerait des tremblements et des accès de panique.

Élisabeth Ire d'Angleterre

En Angleterre, sous le règne de Marie Tudor (1516-1558), la célèbre Bloody Mary, on brûlait les chats comme symbole de l'hérésie protestante. Puis, sous Élisabeth Ire (1558-1603), qui lui succéda, on continua consciencieusement de les brûler en les accusant d'illustrer cette fois... l'hérésie catholique. Lors de son couronnement, la Reine Vierge aurait jeté au feu une effigie du pape en osier, remplie de chats. Excellente helléniste et latiniste, la fille d'Henri VIII et d'Anne Boleyn parlait parfaitement plusieurs langues (dont l'italien, le français, l'espagnol). Son éducation avait été confiée à des humanistes passionnés. Toujours est-il que sous son règne eurent lieu de nombreux procès de sorcellerie.

Ainsi, dans l'Essex, en 1566, Agnes Waterhouse avoua être sorcière et posséder un chat blanc nommé Satan. Ce dernier, qui parlait d'une voix sépulcrale, lui obéissait au doigt et à l'œil si elle consentait à lui donner une goutte de sang. Et puisque le chat maléfique lui interdisait de prier en anglais, elle faisait ses prières en latin, la langue utilisée par les catholique pratiquants... Quelle hérésie ! Parmi ses méfaits, elle confessa plusieurs meurtres, dont celui de son mari, ainsi que la destruction du bétail. Reconnue coupable, elle fut pendue quelques jours après son procès. À noter également que l'avocat de la reine Élisabeth a participé en personne au deuxième examen d'Agnes...

Cette première exécution pour sorcellerie en Angleterre a ouvert la voie aux punitions pour sorcellerie, avec ou sans chats, et eut un retentissement non négligeable ayant inspiré de nombreux textes sur le sujet.

Le Chat botté

Jeune officier, Bonaparte se présenta un jour en uniforme dans le salon de Madame Permon, joyeux et fier de sa tenue. Mais ses bottes, disproportionnées par rapport à ses petites jambes, lui donnaient un air quelque peu ridicule aux yeux de Laure Permon - future duchesse d'Abrantès, enfant à l'époque des faits - et de Cécile, sa sœur aînée. Elles éclatèrent de rire en le voyant ainsi affublé, ce qui mit en colère Napoléon peu enclin à la plaisanterie. Cécile alla plus loin et le traita de « *Chat botté* ». Néanmoins, le futur empereur des Français sut ravaler sa colère et se conduisit en homme du monde, faisant semblant de rire avec l'assistance.

Peu de temps après, il revint avec, en signe de paix, un petit jouet représentant le Chat botté courant devant le carrosse du marquis de Carabas, pour la sœur cadette, et une petite édition du conte du *Chat botté* pour l'aînée[41].

41. *Mémoires de la duchesse d'Abrantès*, tome I, Les Coulisses du Consulat.

Bonaparte

Napoléon Ier aurait été allergique aux chats. En avait-il peur aussi ? C'est ce qu'affirme, parmi d'autres, Lesley O'Mara dans son livre *Les Chats*. On aurait entendu le grand empereur hurler dans sa chambre, terrorisé par un pauvre petit chat. On l'aurait aussi vu en sueur, l'épée à la main, parce qu'un chat s'était introduit dans sa tente. Ou bien, la veille de la défaite à Waterloo, il aurait rêvé d'un chat noir qui traversait le champ de bataille... De nombreuses légendes circulent à ce sujet.

En réalité, il est fort probable que Napoléon n'avait pas de sentiments envers notre cher félidé, ni dans un sens ni dans un autre... même si on dit qu'il n'y a jamais de fumée sans feu.

Au royaume des rats... Bonaparte est roi !

Napoléon fut une cible de choix pour les caricaturistes de son temps qui l'ont souvent associé à... un chat ou à un tigre tentant de conquérir le royaume des rats. Ainsi, l'exil de l'Empereur inspire-t-il à Lacroix une caricature qui le représente arrivant à Sainte-Hélène sur un grand chat et saluant ses nouveaux sujets, les rats. Bonaparte se pose en libérateur et appuie sa bonne volonté sur le chat Ney (comme le montre le sceptre que celui-ci tient dans sa patte) :

« Habitants de Sainte-Hélène, soyons amis, je vous déclare peuple libre, je vous donne pour garantie ce serviteur fidèle que j'ai avec moi. »

Mais les rats ne sont pas dupes : comme dans la célèbre fable d'Ésope, ils devinent sans ambages la duplicité de ces paroles et prennent la fuite sans tarder...

Hitler

Hitler, qui ambitionnait de dominer le monde, n'aimait pas non plus les chats, et cela... parce qu'ils chassaient les oiseaux. Superstitieux, il pensait aussi qu'en croiser un juste avant une bataille portait la poisse.

Drôle de chef de guerre !...

Eisenhower, le 34e président des États-Unis

Aux États-Unis, Dwight David Eisenhower (1890-1969), général dans la Seconde Guerre mondiale – c'est lui qui a dirigé l'opération Overlord – et président du pays pendant la guerre froide, exigeait que l'on tire sur tout félin qui se hasarderait dans son jardin[42].

QUAND ILS NE SONT PAS SEULEMENT MAUDITS

Monsieur Grat

Revenons un instant à Descartes, l'auteur de la théorie de l'animal-machine exposée dans le chapitre précédent. Vous serez étonné d'apprendre qu'il avait un chien. Ce délicieux toutou répondait au nom de « Monsieur Grat », et son maître était aux petits soins pour lui. Ce fut, bien sûr, l'aimable Monsieur Grat qui l'accompagna, en 1629, lors de son second séjour en Hollande... Entre la vie de tous les jours et la théorie, il peut y avoir parfois comme un gouffre infini. Mais ça, nous le savons tous, n'est-ce pas ?...

42. Robert de Laroche, *L'Enchatclopédie,* éditions de l'Archipel, 2010.

Cependant, nous ne devons pas généraliser cette image de souffre-douleur des chats : d'une époque à l'autre, les chats ont été maltraités ou choyés. Malgré les « périodes noires », des personnes lucides ont toujours existé. Ainsi, en France, Colbert avait exigé que les navires disposent chacun de deux chats afin de stopper la prolifération des rats et d'éliminer par là un vecteur de maladies graves. Louis XV, lui, était passionné par les chats angoras blancs, ce qui explique que les persécutions comme celle décrite plus haut s'étaient estompées pendant son règne.

Pour revenir à Ypres, son surnom de « ville des chats » prend tout son sens de nos jours avec son Cortège de chats, fête qui n'a plus rien à voir avec le lancer de chats médiéval déjà évoqué dans ce chapitre. C'est une grande parade devant la halle aux draps, reconstruite à l'identique. Fanfare, chars et géants portés par les habitants, dont Cieper le chat monumental… La foule crie de plus en plus fort. Un bouffon vêtu de rouge et de blanc, accompagné en musique de neuf garçons d'honneur, va grimper au beffroi pour lancer dans le vide des chats… en peluche. Et il est aussi à noter qu'en Russie il existe « une journée du chat », le 1er mars, preuve que le félin a maintenant moins de détracteurs qu'aux siècles passés…

Il ne faut pas croire non plus que le chien n'ait eu que des détracteurs. Depuis la nuit des temps, les amateurs de chiens ont existé, et ils ne se sont pas cachés. De Plutarque aux juristes de notre époque, en passant par Montaigne, Rousseau, Levinas et tant d'autres, les amis des chiens n'ont cessé de réfléchir à la question animale afin de définir les relations complexes entre l'humanité et l'animalité en général, entre l'homme et le chien en particulier.

Pythagore, le philosophe qui aimait les chiens

Les philosophes antiques étaient souvent végétariens, en raison de leur croyance en la métempsychose (la transmigration de l'âme de corps en corps, et même du règne humain au règne animal). La simplicité de la vie qu'ils enseignaient se conjuguait ainsi à une sensibilité réelle envers les bêtes.

On rapporte cet épisode révélateur. Un jour, Pythagore (celui du théorème) passait à côté d'un homme qui maltraitait son chien. Indigné, il demanda à l'homme d'arrêter de frapper l'animal. Voici ce qu'il lui dit pour l'en convaincre :

« Son âme, je l'entends, est celle d'un ami / Que j'ai pu reconnaître aux accents de sa voix[43]. »

---

43. Xénophane, cité par Élisabeth de Fontenay, *Le Silence des bêtes. La philosophie à l'épreuve de l'animalité*, Fayard, 1998.

« Les animaux sont mes amis[44]. »

L'écrivain anglais Henry Stephens Salt (1831-1939), influencé par Rousseau et par Henry D. Thoreau, avait défendu la cause animale dès 1892 dans son livre *Les Droits des animaux considérés dans leur rapport avec le progrès social*[45]. Ses idées, en avance sur son temps, n'ont pas eu un retentissement immédiat, bien qu'elles fussent partagées par de nombreux partisans, dont certains célèbres, comme le dramaturge George Bernard Shaw. Mais elles ont nourri durablement le mouvement de la libération animale. Gandhi - devenu végétarien à la suite d'une rencontre à Londres avec Salt - puis Luther King, et bien d'autres par la suite, ont influencé nombre des mouvements des années 1960, contribuant également à propager les idées de la non-violence envers les animaux.

---

44. G.B. Shaw.
45. Cité par Boris Cyrulnik, Élisabeth de Fontenay, Peter Singer, *Les animaux aussi ont des droits*, Éditions du Seuil, 2013.

UNE SI DOUCE COMPAGNIE

À LA COUR

TA-MIU, LA CHATTE DU PRINCE THOUTMOSIS

Dans un sarcophage richement décoré, datant d'environ 1 400 ans av. J.-C., on a retrouvé la momie d'une chatte ayant appartenu au fils du pharaon Aménophis III, le prince Thoutmosis[46]. Assise devant une table d'offrandes, la chatte est représentée dans toute sa grâce et parée d'un collier. Son maître a même fait graver des formules funéraires, comme pour un humain. Ainsi, la tristesse de l'avoir perdue n'avait d'égale que l'affection qu'il lui avait portée de son vivant.

46. Ou, selon d'autres sources, au frère du pharaon Amenhotep IV (1353-1337 av. J.-C.).

LA CHATTE AUX VERTUS THÉRAPEUTIQUES DE L'EMPEREUR OCTAVE AUGUSTE

La via della Gatta

Il y a à Rome, une rue de la Chatte ! *La via della Gatta*… Cette rue doit son nom à une statue en marbre située non loin de là, sur la corniche du palais Grazioli, et qui représente… une chatte, bien sûr ! Selon la légende, on l'avait érigée à la mémoire d'une chatte qui aurait sauvé jadis – par ses miaulements – les habitants du palais Grazioli d'un incendie. On raconte aussi qu'en suivant la direction indiquée par sa tête, on découvrirait un trésor…

Il y a toujours eu, dans le monde, des félinophiles. En l'an 10 av. J.-C., le puissant empereur Octave Auguste écrivait déjà, dans ses Mémoires, des lignes étonnantes sur les liens affectueux qui l'unissaient à sa chatte *« au long pelage et aux yeux jaunes, la plus intime amie de [sa] vieillesse »*.

Il y vantait à la fois sa beauté raffinée et délicate, son caractère indépendant et, surtout, l'immense bien-être que lui procurait sa présence désintéressée qui

« me libère des pensées noires » et *« ne me demande pas plus que ce que je suis heureux de lui donner »*... Pas besoin de psy quand on a son chat !

Bakeneko, le chat-vampire

Selon une légende japonaise, un chat qui boit le sang d'une victime féminine peut usurper ensuite son identité et séduire son amoureux.

Pendant l'époque d'Edo[47], Nabeshima, un daimyo (noble au Japon) de la province Hizen, fut vaincu au jeu de go et tua son adversaire. La mère de ce dernier, ne pouvant surmonter son chagrin, préféra se suicider, mais d'abord elle se confia à son chat qui, léchant son sang, devint un Bakeneko (*bake* « changement », *neko* « chat »).

Pour venger sa maîtresse, ce chat démoniaque tua l'amoureuse de Nabeshima, but son sang et prit son apparence.

Et chaque nuit, il se faisait un plaisir d'affaiblir le daimyo en s'abreuvant de son sang. La santé de Nabeshima déclinait.

...

47. Edo est l'ancien nom de Tokyo. L'époque d'Edo correspond à une subdivision temporelle traditionnelle de l'histoire du Japon. Elle commence vers 1600 et se termine vers 1868.

...

Son entourage s'inquiétait. Les jeunes gardes postés devant la porte de sa chambre s'endormaient comme par magie dès que la nuit tombait... Le mystère restait donc entier. Puis un jour, l'idée vint à l'un d'eux de se poignarder le genou afin de rester éveillé. Et c'est ainsi qu'il put voir l'étrange créature aux yeux phosphorescents et à la grâce féline se glisser dans la chambre de Nabeshima. Le garde s'y opposa de toutes ses forces et la belle se métamorphosa en un grand chat noir puis prit la fuite. Elle ne revint plus jamais sur ces lieux. Nabeshima, lui, recouvrit sa santé en peu de temps.

L'INCONSOLABLE TAO HUA

L'empereur T'ai-tsong[48], de la dynastie des Song, avait un chien qui répondait au joli nom de Tao Huan (« Fleur de pêcher »). À la mort de l'empereur (survenue en 997), le chien se laissa mourir de chagrin devant la tombe impériale. Impressionné par un dévouement si total, le successeur de T'ai-tsong le fit enterrer auprès de son maître, enseveli dans le tissu

48. Écrit parfois « Taizong ». Il avait régné de 976 à 997. Son successeur Tchen-tsong a continué son combat, celui de restaurer l'empire de T'sang, sans y parvenir néanmoins.

d'une ombrelle ayant appartenu à ce dernier. Ainsi honoré, l'ancien compagnon du souverain, autrefois apprécié surtout pour sa beauté - son nom poétique le prouve suffisamment, nous rappelle les grandes figures canines de la mythologie, par sa grande loyauté, certes, mais aussi à travers la dimension psychopompe, de passeur des âmes d'un monde à l'autre et de protecteur du défunt pour l'éternité.

MYOBO NO MOTO, LE CHAT DE L'EMPEREUR DU JAPON

Myobo, ce nom aux consonances aristocratiques a été donné par Ichijo (980-1011) - le soixante-sixième empereur du Japon - à son chat préféré. Celui-ci jouissait d'un rang important à la cour, et son train de vie était comparable à celui des princes de sang. Ainsi, sa nourriture était des plus raffinées, ses déplacements se faisaient en palanquin, et les dames de compagnie s'en occupaient avec un soin extrême en le distrayant et en veillant à ce qu'il ne manque de rien.

On raconte, par ailleurs, que ce même empereur Icho avait trouvé le dixième jour de la cinquième lune de l'année 999 - une période sacrée - cinq chatons. Il décida alors que leur vie serait également une période sacrée et les protégea par un décret impérial. Au lieu de les utiliser contre les rats qui menaçaient l'élevage de vers à soie, on préféra donc les remplacer par des statuettes – très réalistes, rien à dire – qu'on plaça à des endroits stratégiques. Mais les rats ne furent hélas pas dupes…

Maneki-neko, le chat qui invite

Gotoku-ji était un modeste temple bouddhiste, situé alors non loin de la capitale et englobé depuis par celle-ci. Un jour, des samouraïs qui passaient par là aperçurent sur le côté de la route un chat qui levait la patte. Ils se dirent alors qu'il s'agissait là d'un signe et décidèrent de suivre le chat. Arrivés au temple, un moine les invita à prendre le thé et à se reposer. Une terrible tempête éclata pendant ce temps, les guerriers s'estimèrent chanceux d'être à l'abri et en furent reconnaissants au chat. Le seigneur des samouraïs, apprenant cette aventure, prit le temple sous sa protection et Gotoku-ji devint ainsi l'autel sur lequel des fidèles prient pour leur chat. Le Maneki-neko – sculpté ou modelé en poterie – orne depuis maisons ou vitrines des magasins, accueillant avec bienveillance la famille, les amis, les clients… On peut en voir d'ailleurs même en France, dans les restaurants japonais.

Myobo, chat impérial

« WILDBRAT FUT FIDÈLE. »

Le roi Christian Ier de Danemark (1426-1481), fondateur de la dynastie d'Oldenbourg, monta sur le trône en 1448. Vers 1460, il tomba gravement malade. Son chien, qui répondait au nom de Wildbrat, ne le quitta pas tout au long de sa maladie, qui était fort contagieuse et avait donc fait fuir – ou du moins s'éloigner – son entourage. Une fois tiré d'affaire, le roi institua en l'honneur de son ami canin un ordre prestigieux, dont la très belle décoration est gravée de ces quatre initiales : T.I.W.B. – abréviation, semble-t-il, de « Wildbrat fut fidèle ».

Cet ordre sera appelé plus tard l'« ordre de l'Éléphant » et sera décerné avec une extrême parcimonie. Pour certains historiens, l'origine de cet ordre reste mystérieuse et Christian Ier n'aurait fait que le ressusciter. Peu importe, l'histoire de Wildbrat est touchante et, pour nous, elle témoigne de la fidélité sans faille du chien.

Les chiens aux pieds des gisants de femmes

En art statuaire, le gisant est une sculpture funéraire - abritée dans une chapelle ou dans un enfeu[49] - qui représente le défunt en position allongée. Autrefois, on dormait assis, et la position allongée renvoyait à la mort ou à la maladie.

Souvent, on plaçait aux pieds des gisants des animaux censés les accompagner et les protéger dans l'au-delà, mais ceux-ci étaient aussi investis d'un fort pouvoir symbolique. Ainsi le chien, symbole de la fidélité et guide dans les ténèbres, accompagne-t-il les gisants de femmes ou d'enfants.

À Saint-Denis, le gisant de la reine Isabeau de Bavière (1371-1435) la représente avec deux chiens se faisant face à ses pieds.

Dans la collégiale Saint-Aubin de Guérande, Tristan de Carné (1476-1536), membre de la cour d'Anne de Bretagne, et son épouse Jeanne de La

...

49. L'enfeu est la niche pratiquée dans le mur d'une église ou d'un cimetière pour abriter le gisant.

...

Salle (1475-1526) reposent côte à côte[50] avec, à leurs pieds, un lion pour le chevalier (symbole de force et de courage) et un chien pour sa dame. Petit détail qui a son importance : lorsque le chien est figuré avec un os entre ses pattes, comme c'est le cas du gisant de Marguerite de Flandre (1310-1382), cela indique que le corps se trouve sous le gisant[51].

LES CHIENS ENLUMINÉS DE LA COLLECTION D'ANNE DE BRETAGNE

Anne de Bretagne (1476-1514) aimait la musique, les lettres et les arts, et sa bibliothèque – impressionnante pour l'époque – comptait de très beaux manuscrits

50. Au musée du Louvre, on peut voir un grand nombre d'œuvres funéraires, dont des gisants. Parmi les plus connus, ceux de Charles IV le Bel (1328) et de sa femme Jeanne d'Évreux (1371), avec la configuration décrite plus haut : deux lions et deux chiens veillent sobrement sur leur repos éternel. Un gisant saisissant est exposé dans la salle 15a : celui de Valentine Balbiani (1518-1572), femme du chancelier René de Birague (1506-1583). En position accoudée (rare en France), elle semble en train de lire un livre, mais son regard se perd au loin, alors que, devant elle, un petit chien semble lui quémander une caresse. Ce type de chien aurait été son chien préféré, et se serait laissé mourir de chagrin à la disparition de sa maîtresse...
51. Son gisant se trouve dans la basilique de Saint-Denis.

enluminés, réalisés par des artistes reconnus[52], dont le Lyonnais Jean Perréal (1470-1530), le Tourangeau Jean Bourdichon (1456-1520) ou Jean Pichore, un peintre et enlumineur ayant travaillé à Paris entre 1502 et 1520.

Il est intéressant de remarquer que le chien a souvent une place – qu'elle soit symbolique ou plus réaliste – dans la composition : ainsi, dans *La Vie des femmes célèbres*, allant de la Vierge Marie à Jeanne d'Arc, illustré par Jean Pichore, le frontispice juxtapose à la fois l'épisode de la commande de l'ouvrage par la reine (arrière-plan) à son confesseur Antoine Dufour et celui de la présentation du livre achevé (premier plan). Anne, vêtue de sa robe rouge et de sa coiffe bretonne noire – qu'on retrouve habituellement dans ses portraits –, est entourée de ses dames et à ses pieds dort paisiblement un chien blanc.

Une autre fois, la reine est représentée – par Jean Bourdichon – à sa table, en train d'écrire à Louis XII (1462-1515), parti faire la guerre en Italie. Cette enluminure fait partie d'un échange fictif de neuf lettres : *Épîtres en vers*. La mise en scène est particulièrement soignée : la reine écrit d'une main et de l'autre tient son mouchoir

52. Avec *Les Très Riches Heures du duc de Berry* (vers 1410), les *Grandes Heures d'Anne de Bretagne* comptent parmi les plus beaux (et les plus célèbres) manuscrits enluminés.

trempé de larmes. Un chien blanc est encore assis à ses pieds, symbole de fidélité, tandis que le perroquet vert, en cage, est une fine allusion aux *Épîtres de l'amant vert*[53], un poème très à la mode alors.

LE LÉVRIER QUI MORDIT LE PAPE CLÉMENT VII

Commençons par celui qui eut le premier rôle dans cette affaire, ou, si vous préférez, dans cette histoire : le lévrier du comte de Wiltshire, ambassadeur du roi d'Angleterre. Pour ce qui est des autres protagonistes, leur nom suffira presque pour les introduire : Henri VIII – roi d'Angleterre –, le cardinal Wolsey – son ministre –, le pape Clément VII... On n'en a oublié aucun ? Une vraie pièce de théâtre, à la manière d'Anouilh, qui se prépare. Que le spectacle commence ! Le roi est amoureux, très amoureux même. Il faut le reconnaître, Anne Boleyn est ravissante. Mais le roi est marié à Catherine d'Aragon (tiens, on avait bien oublié celle-là !). Et la belle Anne résiste à ses avances, elle ne veut pas de la position de favorite... La flamme du roi est telle qu'il décide de divorcer et d'épouser l'élue de son cœur. Aussitôt dit, oui, mais combien difficile de [aussitôt] le faire

53. L'auteur de ce poème est Jean Lemaire de Belges (1473-1524), par ailleurs historiographe de Louis XII.

aussi..., car il faut demander l'autorisation de divorcer au pape Clément. Celui-là..., pas facile à convaincre, mais qui ne tente rien n'a rien, alors... Le cardinal Wolsey (entre nous, un autre énergumène !) dépêcha le comte de Wiltshire (qui se trouve être aussi le père de la fiancée, vous suivez toujours ?) auprès du pape afin d'obtenir l'annulation du mariage avec Catherine d'Aragon. L'usage veut que tout visiteur baise le pied du pape (bon, on ne dira rien d'autre là-dessus). Le comte entre dans la salle d'audience, s'approche du pape qui – sans doute par habitude – soulève son pied. Le lévrier du comte ne l'entend pas ainsi et ne fait ni une ni deux : il s'élance vers le pape et mord son orteil. L'ambassadeur est renvoyé, le divorce ne sera pas prononcé[54]. Non, mais !...

LE CHAGRIN D'ANNE BOLEYN À LA PERTE DE PURKOY

Anne Boleyn (1507-1536), la très belle deuxième épouse d'Henri VIII d'Angleterre, avait un chien français. S'il était bien français, alors il ne faut pas hésiter à faire le lien avec le mot français « pourquoi ». Drôle de nom pour un chien, non ? Ce brave Purkoy avait

54. Cette impiété a contribué à la détérioration des relations entre l'Angleterre et la papauté, ce qui a conduit au schisme anglican.

appartenu au cousin d'Anne, Sir Francis Bryan, qui l'avait reçu en cadeau pour un Noël. Offert à Anne, le petit chien devint vite son préféré et ne la quitta presque plus : la petite boule de poils dormait dans son lit, se blottissait dans ses bras. Il était doux et affectueux, très propre et joliment parfumé... Mais ce chien « de poche » fut victime d'un acte malveillant : un jour de décembre 1534, on le jeta par la fenêtre et il ne survécut pas. Le chagrin de sa maîtresse fut infini, et elle ne le remplaça jamais.

Les chiens de salon des épouses de « Barbe Bleue »

On ne connaît pas avec exactitude la race de Purkoy. Il s'agissait peut-être d'un épagneul nain, race inconnue en Angleterre avant la Renaissance.

On pense d'ailleurs que ce fut Anne de Clèves, lors de son mariage avec... Henri VIII (encore lui !), en 1539, qui l'y introduisit. Celle qui fut – pour seulement quelques mois – la quatrième femme de « Barbe Bleue » avait passé son enfance à la florissante cour de Clèves, qui comptait des artistes et des savants de renom, dont le célèbre naturaliste Conrad de Heresbach (1496-1576).

Anne de Clèves s'intéressait aussi à l'élevage des lévriers.

SCHUANG-MEÏ, LE CHAT « PROTECTEUR » D'UN EMPEREUR CHINOIS

Le XIe empereur de la dynastie Ming – Chou Hu-Tsung (1507-1566) – comblait de faveurs un chat qu'il aimait par-dessus tout et qu'il avait baptisé Schuang-Meï: paré de bijoux précieux, nourri de mets raffinés dans des assiettes dorées et promené en palanquin sur des coussins en soie, le chanceux félin bénéficiait même de caresses exquises prodiguées par les servantes les plus jolies de l'empire…

Un jour, le favori – qui endossait à l'occasion l'habit de « protecteur » de l'empereur – vint déposer à ses pieds une pauvre souris attrapée dans le palais. Cet exploit fut loué aux quatre coins du pays et il occasionna même des poèmes de la part de son illustre maître. Lorsque le courageux chat s'éteignit, sur sa tombe on grava trois signes correspondant à une allégorie de l'homme sage, supérieur: *« Tombe d'un dragon avec deux cornes »*…

Le précieux Schuang-Meï

ÉDOUARD VI, SAUVÉ PAR SON CHIEN

Une des missions reconnues des chiens est celle de monter la garde en assurant la défense à la fois de leur maître et de ses biens. Leur ouïe très fine, leur flair légendaire et – toujours – leur loyauté sans faille en font une redoutable vigie.

En 1549, lord Seymour manigançait pour prendre le pouvoir. Il projetait d'épouser la princesse Élisabeth[55] et aussi d'enlever le jeune roi Édouard (1537-1553). C'était sans compter le chien de ce dernier, couché dans l'antichambre du roi. Par ses aboiements furieux, il réveilla le hallebardier de la garde royale qui accourut au secours du monarque. Seymour tua le chien, mais n'eut pas le temps de mener à bien son attentat. Il se fit prendre et emprisonner à la tour de Londres, puis il fut décapité quelques mois plus tard.

55 Catherine Parr, l'épouse de Thomas Seymour, était morte en couches l'année précédente, en 1549.

LE BICHON[56] TENACE DE MARIE STUART, REINE D'ÉCOSSE

Le 8 février 1587, au château-prison de Fotheringhay, Marie Stuart (1542-1567) – « reine de France et d'Écosse, et héritière d'Angleterre » – attendait d'être exécutée sur l'ordre de sa rivale et cousine, Élisabeth Ire.

Elle fut accompagnée jusqu'à l'échafaud par un bichon qu'elle chérissait beaucoup et qui le lui rendait bien, puisqu'il fallut le retirer de force d'entre ses jupes, au dernier moment, afin que le bourreau accomplisse sa funeste besogne. L'exécution fut, paraît-il, terrible. La reine fut décapitée à la hache, péniblement, après qu'on lui eut arraché sa croix catholique… Le bourreau dut frapper trois fois pour détacher la tête. L'animal résista du mieux qu'il put et, ayant une fois de plus échappé à la vigilance des gardes, il se précipita vers le corps sans vie de sa maîtresse. Il finit par se coucher tristement à côté de la tête ensanglantée.

56 Selon les sources, il pourrait s'agir d'un skye terrier.

DE PETITS CHIENS PEU ENCOMBRANTS

L'engouement pour les petites races ne date pas d'hier. Henri III (1551-1589) adorait les bichons et les épagneuls nains. Il emportait ses protégés partout, installés dans une petite corbeille rattachée à son cou. Marguerite de Navarre, sœur de François Ier, se fit portraiturer avec un épagneul dans ses bras. Quant à son illustre frère, il avait, outre des chiens de chasse (se reporter à ce chapitre), un petit chien d'agrément qui dormait parfois sur son lit. Les grandes dames de la cour appréciaient particulièrement cette compagnie délicieuse autant que pratique : leur(s) petit(s) chouchou(s) ne les quittai (en) t jamais, toujours friand(s) qu'il(s) étai (en) t de caresses et d'attentions.

Le chien des *Ménines*

Le chien de compagnie était apprécié pour ses qualités, certes, mais il était également un signe de prestige social, l'expression du rang de son maître. Celui-ci aimait à se faire représenter avec son compagnon canin, et les portraits de ce genre abondent à la Renaissance, comme celui – célèbre – de Charles Quint avec son chien Sampere, peint par Titien. Le grand dogue blanc

...

...

qui se tient à côté de lui est ainsi définitivement entré dans l'Histoire...

On a beaucoup parlé et écrit sur *Les Ménines,* le tableau le plus connu de Vélasquez, notamment sur sa composition complexe, avec ses plans multiples, et sur le miroir du fond dans lequel se reflètent les figures du couple royal, Philippe IV d'Espagne (1605-1665) et sa femme, Élisabeth[57]...

Les études successives nous ont appris que la valeur dynastique de la version initiale du tableau a été troquée, à la suite de la naissance d'un héritier mâle, pour une scène plus anecdotique, assez banale en apparence – mais énigmatique dès qu'on cherche à comprendre – et dans laquelle le peintre se représente lui-même au travail[58]...

Nous nous contenterons de relever le beau chien qui somnole curieusement au premier plan et que réveille à peine le coup de pied du nain. Mystérieux personnage donc que ce chien, puisqu'il est le seul qui ne regarde pas, dans cette composition subtile où le(s) regard(s) joue (nt) un rôle primordial.

Par ailleurs, dans ses autres toiles figurant un chien, Vélasquez le représente toujours les yeux ouverts. À méditer donc...

---

57. Élisabeth de Bourbon (1602-1644), fille d'Henri IV et de Marie de Médicis.
58. Daniel Arasse, *Histoires de peintures*, Éditions Denoël, 2004.

Les petits chiens d'Henri III

US ET COUTUMES À LA COUR : UNE ÉTIQUETTE COMPLEXE ET UNE HYGIÈNE DOUTEUSE

On peut lire dans le *Journal* de Samuel Pepys[59] (1633-1703) ou dans celui de John Evelyn[60] (1620-1706) des pages pour le moins osées sur le manque d'hygiène qui régnait à la cour de Charles II d'Angleterre (1630-1685). Les petits épagneuls du roi dormaient toujours dans sa chambre (pas moins d'une douzaine !), et il arrivait aussi que les chiennes y mettent bas. Partout dans le palais, l'odeur du chenil dominait, ce dont la cour s'accommodait tant bien que mal.

D'ailleurs, ce n'était pas si exceptionnel comme situation. Pierre le Grand (1672-1725), en Russie, n'accordait pas non plus beaucoup d'importance à la propreté. Finette (voir plus haut), sa chienne préférée, avait un accès permanent à sa chambre et dormait sur son lit.

À Versailles, on interdit tardivement l'entrée dans le palais aux chiens n'appartenant pas à la cour : au temps du Roi-Soleil (1638-1715), les animaux – et pas

59. Samuel Pepys a été un haut fonctionnaire dans la marine britannique, au XVIIe siècle, que l'Histoire a retenu notamment grâce à son étonnant journal.
60. John Evelyn a été écrivain et mémorialiste anglais au XVIIe siècle. Il a également tenu une riche correspondance avec Samuel Pepys.

seulement de compagnie, mais ceux de ferme aussi - y étaient autorisés toute la sainte journée. Les chiens ou les chats urinaient ou déféquaient n'importe où. L'étiquette complexe qui régissait la vie du roi et de la cour, du lever au coucher, se souciait peu des règles d'hygiène.

Ce n'est qu'à la fin du XIXe siècle, grâce à Pasteur notamment, que les comportements changèrent et qu'on mit de l'ordre dans le quotidien des animaux des souverains (pour commencer...).

GRINCHEUX LILINE AURAIT PU SAUVER HENRI III

Pendant les guerres de Religion, peut-être la plus sombre période de l'histoire de France, tout le monde se méfie de tout le monde. Chacun est vulnérable, chacun se sent en danger, même le roi.

Nous sommes en 1589. Henri III (1551-1589) s'était entouré d'une garde rapprochée, dont la vigilance devait être sans faille. En outre, le roi, qui adorait les chiens, bénéficiait aussi d'une surveillance permanente de la part de ceux-ci. En effet, ses trois bichons - Liline, Titi et Mimi -, dont il ne se séparait jamais, se relayaient la nuit pour veiller sur leur maître. Le jour, ce dernier les portait dans une corbeille attachée à son cou par un ruban. Les bichons savaient aboyer au moindre souci, signaler toute intrusion. Et, lorsque Jacques Clément approcha le roi, en ce fatidique jour d'août, Liline ne faillit pas à son devoir, bien au contraire. Ses aboiements et son agitation furent à la mesure du danger… qu'Henri ne mesura pas, rassuré sans doute par l'apparence pacifique du moine dominicain. Ainsi fut-il poignardé à mort et rendit-il son âme la nuit même. Si au moins le roi s'était fié aux bons instincts de Liline…

LES QUATORZE CHATS DE RICHELIEU

Nul besoin de présenter Son Éminence le cardinal de Richelieu (1585-1642), le célèbre ministre de Louis XIII, l'« homme à la robe écarlate », immortalisé par les portraits de Philippe de Champaigne…

Peu d'entre nous sont, en revanche, au courant de la passion que cet étonnant personnage avait pour les chats. Quatorze chats – des persans pour la plupart – aux noms pour le moins surprenants étaient choyés et dorlotés dans une pièce du Louvre aménagée spécialement pour eux. Gazette, Perruque, Mimi-Piaillon, Rubis-sur-l'Ongle, Soumise, Serpolet, Lucifer…

Attendez un instant, Lucifer, vous avez dit? Drôle de nom venant d'un homme d'Église ! Imaginez un instant l'imposant cardinal lui murmurer des mots tendres à l'oreille, le caresser, se délectant de sa compagnie…

Détail hautement significatif, Richelieu légua la totalité de ses biens terrestres à ses chers félins.

Richelieu avait toujours un chat sur ses genoux

Le fondateur de l'Académie française était un bourreau de travail et il n'avait que peu de loisirs : sa journée commençait tôt, à 2 heures du matin. Il se penchait sur ses dossiers, puis se recouchait dès… potron-minet. Il pouvait travailler jusqu'à seize heures par jour, alors avoir ses chats auprès de lui le détendait.

Richelieu avait installé une chatterie dans son palais dont deux domestiques avaient la charge. Enfin, son médecin personnel était appelé au moindre souci de santé de ses chers protégés.

Récapitulons : dans son lit, sur son bureau, sur ses genoux… Et même quand il partait en voyage, les chats l'accompagnaient, car le redoutable cardinal ne se séparait jamais de ses félins.

Complot déjoué

Doté d'un physique avenant, le duc François de Bourbon-Vendôme avait beaucoup de succès auprès des dames. Marie de Chevreuse envisage de l'utiliser afin de tuer le cardinal, ennemi commun à tous deux. Parmi leurs nombreuses intrigues: soudoyer le valet de chambre de Richelieu pour qu'il enduise de poison Soumise, l'angora blanche, sa préférée. À l'agonie, celle-ci se fera caresser par son maître qui, au contact du poison, en périra aussi. Mais le complot est découvert. Marie de Chevreuse a le temps de s'enfuir déguisée en homme. Quant aux Beaufort (père et fils), ils seront exilés à Londres sur la recommandation de… Richelieu lui-même.

Richelieu entouré de ses chats bien-aimés

« JETEZ-VOUS VOTRE LANGUE AUX CHIENS[61] ? » LES COMPAGNONS CANINS DE LA MARQUISE DE SÉVIGNÉ

Fidèle et Marphise sont les noms des chiens de Marie de Rabutin-Chantal (1626-1696), marquise de Sévigné[62]. C'étaient des compagnons appréciés, et ils pointent parfois leur sympathique museau au fil des lettres qui ont rendu célèbre la marquise. Ainsi raconte-t-elle à Mme de Grignan, sa fille, l'irruption de Fidèle dans sa vie : une petite aventure dont elle ne voulait pas au début, par peur de s'attacher. Mais elle n'arriva pas à renvoyer ce cadeau qui l'étonnait et l'embarrassait à la fois. Fidèle lui avait été livré dans une jolie maison « toute pleine de rubans » et, comme au théâtre, son habitant en sortait pour séduire la galerie : « un petit chien tout parfumé, d'une beauté extraordinaire, des oreilles, des soies, une haleine douce, petit comme Sylphide, blondin comme blondin[63] ». Quant

61. Madame de Sévigné, *Lettres choisies*, Librairie de Firmin Didot Frères, Paris, 1843 (lettre 20, p. 75-76). Autrefois, l'expression en usage mettait en avant les chiens (à qui on *jetait* sa langue, avec probablement une dose de mécontentement, voire d'exaspération) et non pas les chats, comme aujourd'hui ; puis au milieu du XIXe siècle – la raison n'est pas connue et les explications farfelues ne manquent pas – elle a remplacé les premiers par les seconds.

62. Elle avait épousé le marquis Henri de Sévigné, impulsif et exalté (il se fit tuer en duel).

63. *Lettres de Madame de Sévigné*, Librairie de Firmin Didot Frères, Paris, 1843 (lettre 147, p. 318).

Fidèle, le merveilleux cadeau de la marquise de Sévigné

à ce nom, merveilleusement adapté à la race canine en général, l'illustre épistolière ne put s'empêcher de glisser une malice à son propos : « C'est un nom que les amants de la princesse de Tarente n'ont jamais mérité de porter[64]. »

LA « PETITE ANNONCE » DE CHARLES II D'ANGLETERRE

Charles II d'Angleterre (1630-1685) n'avait confiance qu'en ses chiens. Ses préférés étaient les petits épagneuls - auxquels il donna d'ailleurs son nom : king-charles et cavalier king-charles. Son fournisseur exclusif en était le duc de Norfolk, qui les triait sur le volet.

Le roi aimait beaucoup à les promener à Saint James Park ou à jouer avec eux dans le palais - car toutes les portes leur étaient ouvertes, y compris celles du Parlement. On pouvait donc les voir partout, ces petits protégés du roi !

Mumper occupait une place de choix dans le cœur de son maître. Lors du naufrage du navire *Gloucester*, le roi abandonna tout sans état d'âme à l'exception

64. Idem, *Ibidem*.

de ses chiens et de ses prêtres. On dit même que le réputé médecin Sir Charles Scarbourgh (1624-1694) avait alors dû se disputer une planche avec ce brave Mumper.

Vous pensez – après avoir lu ce qui précède – si le roi se désespérait de la perte d'un de ses chiens ! Car cela pouvait arriver, et plus souvent même que vous ne le soupçonnez. Le *dognapping* était assez répandu en Angleterre à l'époque, et le roi se mettait à chaque fois en quatre pour retrouver ses amis canins. Entre autres, il insérait de petites annonces dans les journaux, telle celle publiée en 1680 dans le *Mercurius Politicus*, dans laquelle il cherche à toucher les voleurs sans réussir à cacher son exaspération.

LES CHIENS « GOÛTEURS »

L'obsession du poison, très forte entre le XVe et le XVIIIe siècle, est à l'origine de la pratique des chiens « goûteurs ». Les prisonniers chargés de tester les mets destinés au roi décédaient, pour la plupart, faute d'antidote efficace. On recourait donc souvent aux « services » des chiens…

Ainsi, en 1670, Henriette d'Angleterre[65] (1644-1670) se crut empoisonnée : elle venait de boire un verre de chicorée et éprouva aussitôt une douleur abdominale terrible. Son époux, le frère de Louis XIV, lui conseilla de faire goûter à son chien la boisson qu'elle venait d'ingurgiter. Mais Henriette refusa... sans doute par amour pour son chien. La princesse s'éteignit peu de temps après, et c'est Bossuet[66] qui prononça son oraison funèbre, à Saint-Denis.

MALICE ET LE ROI-SOLEIL

Louis XIV (1638-1715), grand amateur de chiens lui aussi, logeait les siens dans la « chambre des chiens du Roi ». Sept favoris canins profitaient ainsi de la présence du roi, qui s'occupait quotidiennement de leur dressage, de leurs récompenses également (des « biscotins » et des gimblettes commandés à son cuisinier)...

Malice, une femelle épagneule, faisait partie de ces chiens chanceux. On dit qu'elle fut à un moment mêlée aux intrigues amoureuses concernant son

65. Monsieur, ou Philippe Ier d'Orléans, épousera par la suite la princesse Palatine.

66. J.-B. Bossuet (1627-1704), considéré comme le plus grand orateur de son temps, est l'auteur – entre autres – de *Discours sur l'histoire universelle, Oraisons funèbres, De la connaissance de Dieu et de soi-même*...

royal maître. Voici de quoi il s'agit : la douce Louise de La Vallière (1644-1710), première favorite officielle de Louis XIV, était tombée en disgrâce, évincée peu à peu par l'ambitieuse Mme de Montespan (1640-1707). En 1669, les deux rivales étaient installées dans deux appartements contigus, au palais de Saint-Germain. Une unique porte en permettait l'accès, de sorte que, pour se rendre chez sa nouvelle maîtresse, le roi traversait la chambre de Louise. Ce n'était guère confortable, on le comprend. Alors, il lui arrivait de faire… diversion : il emportait Malice et, s'arrêtant un instant chez la duchesse de La Vallière, lui laissait son chien pour lui tenir compagnie et ainsi la consoler. Puis il passait dans l'appartement de son autre maîtresse et y passait la nuit.

UN CHIEN QUÊTEUR AU TEMPS DE LOUIS XIV

Son maître était un valeureux chevalier de l'ordre royal et militaire de Saint-Louis, créé en 1693 par le Roi-Soleil, et s'appelait - paraît-il - Sandolet. Rentré invalide après la guerre de Neuf Ans (ou guerre de la ligue d'Augsbourg, 1688-1697), celui-ci se trouvait bien mal en point, puisqu'il avait accumulé blessure sur blessure : l'œil droit une fois, la jambe gauche une autre fois, puis un bras (les archives ne précisent pas lequel, mais vu les autres dégâts…), et aussi la mâchoire inférieure… Ça lui en faisait des soucis, à Sandolet ! Sa solde ne lui suffisait pas vraiment pour mener une vie honorable. Mais cet ancien soldat avait un fidèle ami, le plus fidèle qui soit : son chien Capucin. Quand les vivres commençaient à manquer, Sandolet s'adressait toujours à Capucin. Il lui faisait porter à divers destinataires des mots décrivant son malheureux état. Le bon chien les portait aussitôt, courait à gauche, courait à droite… puis revenait en fin de journée avec sa précieuse collecte, au grand soulagement de Sandolet. Bravo, Capucin !

LES CHIENS DE LA PRINCESSE PALATINE

La plus connue des princesses palatines[67], Élisabeth-Charlotte de Bavière (1652-1722), avait épousé en 1671 Philippe d'Orléans[68], le frère de Louis XIV. Elle était donc la belle-sœur du roi Louis XIV. Mais

67. On appelait ainsi les princesses issues de princes électeurs palatins, c'est-à-dire des princes ou des seigneurs chargés de missions dans les palais impériaux entre le XVIIe et le XVIIIe siècle (l'Empire carolingien et dans le Saint Empire).

68. Rappelons que le duc d'Orléans (ou « Monsieur ») perdit sa première femme, Henriette d'Angleterre, dans des circonstances peu claires (se reporter au chapitre *Semper fidelis* pour cet épisode impliquant également le genre canin).

surtout, elle a laissé une correspondance abondante – témoignage précieux de la vie à la cour, dans laquelle elle parle aussi de sa passion pour la race canine. La Palatine, qui détestait l'hypocrisie de la cour et qui avait la réputation de ne pas y aller par quatre chemins, appréciait tellement la compagnie des chiens qu'elle n'hésitait pas à les comparer aux courtisans : et, vous l'aurez deviné sans aide, ce ne sont pas ces derniers qui s'en sortaient le mieux dans cette comparaison.

Maintes fois elle décrit affectueusement le comportement de ses chiens, se laissant attendrir par leur chagrin, comme lors de la mort du Dauphin, en 1712, lorsque le petit chien de celui-ci le chercha tristement dans la chapelle où il s'était agenouillé pour la dernière fois.

Parmi ses protégés à quatre pattes, Mione était la plus connue. Les anecdotes la concernant ne sont pas rares, car l'intérêt de sa maîtresse à son égard était des plus sincères. Ainsi, la « rencontre » de Mione avec un perroquet suscita, chez la Palatine, des réflexions philosophiques opposant Leibniz, le défenseur des bêtes, à Descartes, qui les considérait comme des machines. Vous ne serez pas étonné d'apprendre que les opinions du fondateur du cartésianisme lui semblaient ridicules et la révoltaient.

MÉNINE, LA CHATTE AUX YEUX DORÉS DE PAULE DE GONDI, DUCHESSE DE LESDIGUIÈRES

Nièce du cardinal de Retz, Paule de Gondi (1655-1716) devint veuve très jeune… Elle trompa sa solitude auprès de Ménine, une magnifique chatte au pelage gris et aux yeux dorés, qu'elle aimait tendrement et qui lui tint compagnie pendant sept belles années. Elles vivaient rue de la Cerisaie, à Paris, dans le somptueux hôtel Zamet-Lesdiguières[69], dont le portail a vu passer – depuis – le tsar Pierre le Grand.

Lorsque Ménine mourut, la duchesse inconsolable fit édifier son tombeau dans le parc de l'hôtel. L'épitaphe, composée par le secrétaire de l'Académie française, disait toute son affection et sa douleur :

« Ci-gist Ménine, la plus aimable et la plus aimée, de toutes les chattes (…) »

69. Profitons-en pour dire un mot sur cet hôtel luxueux bâti par le financier florentin Zamet. Parmi ses hôtes célèbres, Henri IV, Gabrielle d'Estrées. À la mort de Zamet, l'hôtel fut acheté par le connétable de Lesdiguières. Le fameux cardinal de Retz y passe ses dernières années chez la duchesse de Lesdiguières, sa nièce, et y reçoit Madame de Sévigné, Corneille, Molière et bien d'autres encore… L'hôtel est démoli en 1877 pour ouvrir le boulevard Henri IV.

La tombe de la regrettée Ménine

FINETTE, UN CHANCEUX COURSIER À QUATRE PATTES AUPRÈS DE PIERRE Ier LE GRAND[70]

Pierre Ier le Grand (1672-1725), comme beaucoup de rois et d'empereurs, aimait les chiens.

Il avait surtout un greyhound, Finette, qui ne le quittait jamais. Intelligent et pragmatique, Pierre s'intéressait beaucoup aux activités militaires et avait entrepris d'occidentaliser son pays. Il avait aussi le projet de bâtir de ses propres mains une colonne Trajane, qu'il aurait baptisée *Colonna Petrina* et qui aurait mis en lumière des représentations de la guerre entre la Russie et la Suède (1700). Sa propre statue aurait été placée au sommet de cette tour, avec son destrier de race persane suivi d'un grand chien danois, puis de… Finette.

Pour revenir à Finette, voici une circonstance qui montre à quel point elle comptait aux yeux du tsar. Ce dernier avait interdit qu'on lui présente toute revendication ou pétition. Celui qui osait enfreindre cette règle risquait la mort. Or, il arriva qu'une personne de

70. J. de Staehlin, Louis Joseph Richou, *Anecdotes originales de Pierre le Grand: recueillies de la conversation de diverses personnes de distinction de S. Péterbourg & de Moscou*, Strasbourg, 1787.

la cour fût accusée, à tort, de corruption et condamnée au knout[71]. Évidemment, il s'imposait d'intervenir, mais comment ? On n'osait pas. Cependant, Catherine, la femme de l'empereur, eut la brillante idée d'utiliser Finette comme coursier. Elle attacha donc la requête au collier du chien, et le tsar gracia l'infortuné.

BRILLANT, L'ANGORA BLANC DE LOUIS XV

Nul n'était autorisé à caresser Brillant, le chat préféré de Louis XV (1710-1774). Son pelage soyeux d'un blanc éclatant et ses yeux bleus avaient séduit le roi, grand passionné de la gente féline. Le matou le réveillait tous les matins et jouait, semble-t-il, sur la table du Conseil d'État pendant les réunions…

C'est la reine, Marie Leszczyńska (1703-1768), qui lui avait transmis cette passion et qui avait contribué à instaurer la mode des angoras parmi les gens de la cour. Preuve de l'affection du roi pour son chat, sa colère lorsqu'il surprend un soir les domestiques s'amuser à le faire danser…

71. Il s'agit d'un châtiment corporel avec un fouet (le knout) fait de lanières de cuir.

Une descendance à sang royal

Louis XV appréciait également un chat persan d'une grande beauté et dont le port altier a inspiré au roi son nom : le Général… La descendance de ce chat si « distingué » fut nombreuse au point qu'il n'est pas impossible que certains des félins qui vivent de nos jours au château de Versailles en fassent partie.

Mentionnons aussi que Louis XV qualifiait de *« tradition barbare et primitive »* les massacres des chats à la Saint-Jean et que c'est grâce à lui que ces tristes coutumes prirent fin. C'est également sous son règne que l'historien Paradis de Moncrif rédigea une étonnante *Histoire des chats* (1727) sous la forme épistolaire – à la mode au XVIIIe siècle. L'ouvrage connut un grand succès et valut à son auteur le surnom d'« historio-griffes ».

Un nez sur pattes

Louis XV (1710-1774) avait l'habitude de chercher des truffes dans le parc de la Muette, en se faisant aider par des chiens. Plusieurs races étaient utilisées pour cette tâche, dont le berger allemand et le labrador.

Brillant, le complice de Louis XV

MIMI ET INÈS, LES CHIENNES COMPLICES DE MME DE POMPADOUR

Jeanne-Antoinette Poisson, marquise de Pompadour (1721-1764), la célèbre – tout autant que mystérieuse – maîtresse de Louis XV, fut elle aussi une amatrice de chiens. Il nous reste aujourd'hui des toiles de Mimi et Inès, ses épagneules naines préférées, réalisées par les peintres animaliers en vogue, des miniatures en porcelaine de Sèvres aux sujets canins (dont la belle marquise raffolait). Les portraits de Mimi et d'Inès se trouvent également multipliés à travers les dessins de François Boucher, que la Pompadour avait gravés puisqu'elle pratiquait elle-même la gravure à l'eau-forte.

Les chiennes accompagnaient leur maîtresse à la messe, dormaient dans de la soie et mangeaient dans de la belle porcelaine (de Sèvres, vous l'aurez compris)…

Soucieuse du sort de ses animaux après sa mort, la Pompadour les avait légués au naturaliste Buffon, avec qui elle partageait la même conception sur le caractère fidèle et constant des chiens.

Mimi et Inès à la messe

« Je suis à la reine. »

Cette inscription sans équivoque figure sur le collier d'une levrette appartenant à la reine Marie Leszczynska, telle qu'on peut la lire sur une peinture d'Alexis-Simon Belle, réalisée vers 1730. La reine, passionnée de chiens, s'inquiétait parfois à leur sujet au point de se réveiller la nuit et d'aller les chercher.

Du reste, sous Louis XV, les chiens bénéficiaient d'une attention particulière : ainsi, une pièce avait été créée à Versailles, en 1738, pour abriter leurs niches en bois blanchi à ornements dorés – l'antichambre des Chiens, qui ouvrait sur une « salle à manger des Retours de chasse ». Rien que ça ! Une riche décoration (lambris, tableaux, bronzes dorés…) et des matelas recouverts de tissus rouges ou verts, des housses de toile blanche, comme maints autres petits détails consignés dans les inventaires, témoignent d'un souci de confort hors du commun.

« QU'ON EMPAILLE SUDERLAND, CE MATIN ! »

Suderland était le banquier de Catherine II de Russie (1729-1796), connue aussi comme Catherine la Grande.

Cette princesse allemande devenue tsarine a dirigé la Russie de main de fer pendant plus de trente ans. Elle fut, comme nombre de ses pairs, une inconditionnelle de la race canine. À Tsarskoïé Sélo, près de Saint-Pétersbourg, elle fit construire un mausolée – sous la forme d'une petite pyramide en brique et granit – pour ses chiens disparus : des lévriers pour la plupart (Zémire, Duchesse...).

Suderland, lui, jouissait d'une certaine estime auprès de la tsarine. Sa surprise fut d'autant plus grande de voir un jour une troupe de soldats débarquer chez lui pour l'emmener. Il voulut connaître la raison de sa disgrâce et s'il devait s'attendre à un exil en Sibérie, cette région hostile synonyme de bagne depuis le XVIIe siècle. L'officier chargé de l'affaire l'avait regardé avec une immense pitié avant de lui avouer qu'il allait être... empaillé sur l'ordre de Catherine elle-même. Affolé, le banquier écrivit à sa souveraine en la suppliant de changer la terrible exécution. Sa missive dissipa le malentendu : la tsarine parlait du chien Suderland, qui était décédé la veille et dont elle voulait ainsi garder le précieux souvenir. Mais pourquoi diantre le chien et le banquier partageaient-ils le même nom ? Tout simplement parce que ce dernier avait offert l'animal en cadeau et qu'en guise de remerciement (ou de reconnaissance, ce qui en définitive revient au même) la Grande Catherine l'avait baptisé du nom de son donateur. Ouaf !

LES CHATS VOYAGEURS DE MARIE-ANTOINETTE

Marie-Antoinette aimait les animaux, très présents à Versailles sous son règne, notamment les chevaux et les chiens. Elle s'intéressait aussi aux animaux de la ferme, en accord avec le goût pour la vie champêtre en vogue au XVIIIe siècle, et aux animaux de compagnie. Aurait-elle eu un faible pour les chats aussi ?

On raconte que la reine, préparant sa fuite pour échapper à la Révolution, aurait confié meubles, objets d'art, papiers et surtout ses chats – des angoras turcs – au capitaine Samuel Clough, qui partait pour la Nouvelle Angleterre. Arrivés dans l'État du Maine, les chats royaux se seraient mêlés aux matous des fermes locales avec, pour résultat, la naissance des *maine coon* – ces chats majestueux, au poil mi-long, à l'allure sauvage…

THISBÉ, LA CHIENNE DE MARIE-ANTOINETTE

Dans son enfance, la future reine de France apprit à aimer les animaux en général, et les chiens en particulier, à l'instar de sa fratrie et de l'impératrice Marie-Thérèse, sa mère. Le cabinet de Porcelaine de Schönbrunn était richement décoré de peintures

Thisbé, réconfort de Marie-Antoinette à la prison du Temple

représentant des chiens et des chats. Ainsi, le peintre suédois Martin Van Meytens (1695-1770) représenta le couple impérial, François et Marie-Thérèse, avec leurs onze enfants et deux chiens jouant au premier plan. De même, le chien apparaît souvent dans les portraits de famille commandés par l'archiduc Léopold (frère de Marie-Antoinette).

La peinture animalière resta d'ailleurs pour Marie-Antoinette (1755-1793) une passion, comme le témoigna sa générosité envers Anne Vallayer-Coster (1744-1818), peintre de talent spécialisée en natures mortes, portraits et animaux, à qui la reine avait proposé un logement au Louvre. Mais revenons à nos moutons, ou plutôt… à nos chiens.

Thisbé serait la chienne qui accompagna Marie-Antoinette à la prison du Temple, puis à la Conciergerie, en août 1793. Elle lui avait été offerte en 1785 par Axel Fersen, le plus dévoué de ses favoris et ambassadeur non officiel du roi Gustave III de Suède. Le nom « Thisbé », choisi par la reine elle-même, renvoie à l'héroïne de la mythologie grecque dont l'amour tragique pour Pyrame, son voisin, est relaté par Ovide dans *Les Métamorphoses*.

Néanmoins, de nombreux animaux sans maître se retrouvaient alors dans les prisons de la Révolution, et l'un d'eux aurait pu réconforter la reine.

UN CARLIN PLUS *FORTUNÉ* QUE BONAPARTE ?

Joséphine de Beauharnais (1763-1814) avait la passion des animaux : singes, oiseaux, entre autres animaux plus ou moins rares, vivraient plus tard dans sa résidence de Malmaison.

Vers 1793, la belle Joséphine chérissait beaucoup un carlin… Son affection fut récompensée. Lorsque, une année plus tard, son mari, Alexandre de Beauharnais, fut condamné à l'échafaud, elle faillit partager son sort. Mais son état physique étant trop faible, on lui laissa le temps de se remettre sur pied. Pendant qu'elle était emprisonnée aux Carmes[72], ce fut grâce à ce petit chien qu'elle put échanger des messages avec l'extérieur, en les cachant sous son collier. Et les geôliers ne se doutèrent de rien…

Ce toutou surprenant s'appelait… Fortuné. Et il l'était sans aucun doute, puisqu'il jouait de l'affection infinie de sa maîtresse alors qu'il n'était ni beau ni gentil : « bas sur pattes, long de corps, moins fauve que roux, avec un nez de belette, et seulement, du carlin, le masque

72. À la Révolution, une prison fut installée dans l'ancien monastère des Carmes, à Paris. Une autre détenue célèbre fut Mme Tallien (Thérésa Cabarrus ou encore « Notre-Dame de Bon Secours », selon le surnom qu'elle avait gagné pour avoir protégé des prisonniers).

noir et la queue en tire-bouchon[73] [...] ». Ce Fortuné était, en revanche, hargneux à souhait. Il aboyait à tout bout de champ et avait la fâcheuse habitude de mordre les mollets de ceux qui approchaient de trop près la jolie Joséphine. Même Bonaparte eut droit à ce sévère traitement. On dit que le carlin se fit remarquer pendant la nuit de noces : jaloux et mécontent d'avoir à céder sa place douillette dans le lit de sa maîtresse, Fortuné n'avait pas hésité à attaquer son nouveau rival. Par la suite, il fut souvent sujet de conversation entre les deux époux – leur correspondance en témoigne.

Sa fin fut néanmoins tragique : le pauvre carlin fut étripé, au château de Mombello, par le gros chien du cuisinier. Joséphine en souffrit beaucoup. Pour la consoler, son admirateur et amant – le capitaine Hippolyte Charles – lui offrit une petite chienne douce que l'impératrice faisait soigner par Moscati, le médecin le plus réputé de Milan. Ce dernier grimpa d'ailleurs à grands pas l'échelle sociale (directeur général de l'Instruction publique, comte, grand dignitaire de la Couronne de fer et sénateur du royaume...) – sa « patiente » a dû y être pour quelque chose.

D'autres chiens se succédèrent par la suite : un autre carlin, puis de petits chiens-loups vifs « à poil

73. Frédéric Masson, *Joséphine impératrice et reine*, 10e édition, Paris, P. Ollendorff, 1905, p. 26-27.

Fortuné, le rival de Bonaparte

noir ébouriffé », qu'on avait envoyés de Vienne. Ils ne quittaient jamais leur maîtresse et, comme jadis Fortuné, montraient une grande jalousie envers tous ceux qui l'approchaient.

LES CHATS « PUISSANTS ET DOUX » DE LA REINE VICTORIA

White Heather (« bruyère blanche ») et Flippy étaient les deux persans de la reine Victoria (1819-1901), que cette grande amie des chats avait acquis lors d'une grande exposition féline organisée à Londres en 1871. Un couple presque aussi « royal » que celui de Victoria elle-même et d'Albert, à en croire certains sujets. La persane blanche était calme et gracieuse, et le mâle, joueur et un peu coureur…

Chat noir *so british* !

Longtemps considérés comme les vicaires du diable, il arrive pourtant que les chats noirs soient considérés comme des porte-bonheur, comme en Grande-Bretagne. Charles Ier, roi d'Écosse et d'Angleterre (entre 1625 et 1649), en avait un en guise de gri-gri. Ce chat s'éteignit la veille de l'arrestation du roi, qui fut jugé et exécuté ensuite par l'armée du Parlement (guerre civile).

LA REINE VICTORIA I^RE ET SON « *DEAR DASHIE* »

Celle qui a donné son nom à l'époque la plus brillante de l'histoire d'Angleterre (l'époque victorienne, son long règne, avait duré soixante-quatre ans) était une grande amie des chiens.

Sa correspondance privée dévoile une enfance pauvre en affection. En attendant qu'elle hérite du trône - son vieil oncle, Guillaume IV, n'ayant pas d'héritiers directs –, Victoria (1819-1901) vivait sous la stricte surveillance de sa mère, la duchesse de Kent, et du chambellan John Conroy, l'amant de celle-ci. En réalité, ces deux-là espéraient secrètement diriger le royaume le moment venu. Victoria était donc une princesse triste et solitaire, et son ennui était profond. Mais ce dernier diminua considérablement, un jour de janvier 1833, lorsqu'elle reçut en cadeau Dash, un petit épagneul king-charles. Ce fut un ami et un confident qui entrait ainsi discrètement dans sa vie sous la forme de ce « chien-chat » aux oreilles pendantes... Louise Lehzen, sa gouvernante allemande, l'aidait à lui confectionner des habits (veston, pantalon...). L'affection de Victoria pour Dash était plus forte encore que celle que lui inspiraient

Tilco et Islay, ses deux autres chiens préférés, car – rappelons-le – la reine vivait entourée de chiens[74].

Quatre années plus tard, à la mort de Guillaume IV, Victoria montait enfin sur le trône et s'installait, avec Dash, à Buckhingham Palace. Il paraît que le chien fut content de ce changement. Le mariage de la reine avec le prince Albert de Saxe-Cobourg et Gotha, en 1840, ne changea rien à la vie de Dash, car l'époux royal adorait les chiens. Il arrivait d'ailleurs avec Éos, un beau lévrier répondant au nom de la déesse de l'aurore et dont il se séparait rarement.

Dash, lui, mourut à la fin de cette même année 1840, et on l'enterra près du cottage d'Adélaïde. La reine rédigea elle-même l'épitaphe, dont voici les émouvantes dernières phrases : « Son attachement était sans égoïsme, sa gaieté sans malice, sa fidélité sans tromperie. Lecteur, si tu veux être aimé pendant ta vie et regretté après ta mort, suis cet exemple. » Tout est dit !

---

74. Le couple royal était entouré d'une trentaine de chiens dans les années 1840. Parmi ceux-ci : Noble et Sharp, des bergers écossais ; Roy, un fox-terrier ; Laddie, un scottish-terrier ; Dandie, un skye-terrier ; Dacko, un teckel ; Looty, un pékinois ; Lilly, un collie… et bien d'autres encore.

Dash, le confident de la reine Victoria

Tous immortels !

La reine Victoria fait de sa passion pour les animaux de compagnie – et tout particulièrement pour les chiens – un atout de la lutte contre la cruauté envers les animaux et pour l'amélioration de leurs conditions de vie. Avec son mari, elle avait mis en place un programme d'élevage canin rigoureux et inspiré, qui servit de modèle à ses sujets, certes, puis qui franchit allègrement les frontières du pays. On ne s'étonnera alors pas d'apprendre qu'une visite d'État englobait souvent le passage par les chenils, comme ce fut le cas lors de celle de Napoléon III et de l'impératrice Eugénie, en 1855.

Un dernier détail – et pas des moindres – sur l'attention particulière que la reine portait à ses amis canins : dès son arrivée à la cour, chaque chien avait droit à un portrait, qui était par la suite accroché dans le chenil ou dans le palais, selon que l'animal résidait à Home Park ou dans les résidences royales. Les peintres animaliers ne chômaient donc pas, les frimousses canines à immortaliser étant légion.

Une galerie de portraits originale,
les amis canins de la reine Victoria

TÊTES COURONNÉES, « VALETS DE CHIEN » ET NAINS DE COUR

Les perfides teckels de l'empereur Guillaume II

L'empereur Guillaume II (1859-1941) aimait la propreté au point d'exiger de ses domestiques qu'ils prennent des bains plusieurs fois par jour. Sa passion pour les teckels n'était pas un secret non plus – il en possédait une douzaine – et elle en étonnait plus d'un, car ces chiens étaient plus proches de lui que n'importe lequel de ses serviteurs dévoués. Ces fortunés teckels étaient, en outre, très joueurs, et s'attaquaient volontairement aux mollets et aux jupes, sans mépriser pour autant les meubles, les canapés et autres objets du château… donnant ainsi du fil à retordre au chef du protocole.

Durant l'hiver 1893, à Berlin, lors d'un grand déjeuner, les teckels s'en prirent joyeusement aux bas de soie des courtisans. Puis, pire encore, ils urinèrent sur les souliers de la comtesse Keller et de Mlle von Gersdorff au moment même où l'empereur faisait son apparition au bras de sa femme. Cela n'empêcha pas Sa Majesté de garder ses amis canins jusqu'à la fin dans la salle des Colonnes où avait lieu le déjeuner…

Les teckels de Guillaume II
et les souliers de la comtesse de Keller

Nombreuses sont les têtes couronnées qui s'occupaient elles-mêmes de la toilette de leurs chiens. La reine Victoria (1819-1901), Édouard VII (1841-1910) ou Guillaume II (1859-1941) faisaient partie du lot. Et on raconte qu'Élisabeth II (née en 1926) le faisait (le fait-elle encore ?) également. Et lors des crises politiques ou autres moments difficiles, ces soins restaient un sujet de préoccupation majeur : ainsi Guillaume II de Hohenzollern (voir l'encadré) fut-il bouleversé en apprenant, en 1914, que la guerre était déclarée. On lui a pourtant attribué une responsabilité élevée dans le déclenchement du conflit. Il s'entretint longuement avec ses généraux puis, dépité ou juste troublé, se retourna vers son cousin, Albert de Schleswig-Holstein (1869-1931), et lui proposa d'aller « laver les chiens ». Sans doute pour diminuer la tension trop forte qui pesait sur ses nerfs fragiles.

Cependant, des domestiques étaient expressément chargés de s'occuper des chiens royaux, notamment de les nourrir, de leur donner le bain ou de les promener…

À la cour de Chine, bien des années avant notre ère, les chiens disposaient de serviteurs. Cela n'a rien de surprenant, car les favoris canins occupaient des positions élevées à la cour et se voyaient attribuer des titres et des fonctions prestigieuses (vice-roi, garde impérial, *chunchun*[75], etc.). En Extrême-Orient, on continuera d'ailleurs - jusqu'au XXe siècle - de mettre des gens de maison au service des chiens. Ceux des chiens du maharajah de Jaipur, en Inde, portaient des ceintures dorées et de hauts turbans.

En Europe, à la même période que la Chine dynastique, il n'y avait pas vraiment de poste spécifique pour prodiguer aux chiens les soins quotidiens. Carpet, le lévrier d'Agnès Sorel, la maîtresse de Charles VII le « Bien Servi[76] », est gardé précieusement par Mlle de Bonneville, sa demoiselle d'honneur. Henri VIII, Henri III, Marie de Médicis ou Louis XIII faisaient appel à leurs serviteurs - garçon de chambre, « garde-chaise », gouvernante ou divers domestiques - pour s'occuper des leurs, en les payant grassement pour leurs services.

Néanmoins, à l'instar des cours italiennes de la Renaissance - et sans doute en raison de leur grand nombre -, François Ier nomma des « valets de chien » pour les soixante lévriers rapportés de la cour de Mantoue. Et on trouvait encore cette fonction à Versailles pendant le règne de Louis XV.

---

75. *Chunchun* correspond au rang de duc dans la tradition occidentale.

76. Charles VII (1403-1461) doit son surnom - le « Bien Servi » - aux soutiens exceptionnels dont il avait bénéficié : d'abord aidé par Jeanne d'Arc, puis par des conseillers très efficaces et aussi par sa maîtresse, Agnès Sorel (vers 1422-1450), le roi dépressif retrouve sa confiance et enchaîne les succès.

À la cour de Prusse, Frédéric le Grand (1712-1786) faisait voyager ses lévriers adorés dans une somptueuse voiture tirée par six chevaux et dont le cocher avait reçu l'ordre de se conduire avec délicatesse et courtoisie envers ses « clients » canins.

Mais le must, c'était de confier ses favoris aux nains de cour… qu'on considérait à l'époque très proches des animaux de compagnie et dont l'exotisme plaisait énormément. Cela vous étonne peut-être ? N'oublions pas que les nains étaient déjà un signe de luxe dans la Rome antique : Auguste, Tibère, Domitien en possédaient. Le retour à ce modèle classique a lieu en Italie, à la Renaissance : Isabelle d'Este (1474-1539), la belle et raffinée épouse du marquis François II de Gonzague (1466-1519), faisait vivre à la cour de Mantoue des nains pour la distraire et pour chasser l'ennui qu'éprouvait son entourage. Des appartements avaient même été aménagés dans une aile du palais avec des corridors bas, à leur taille.

Avec Catherine de Médicis, la mode des nains arriva en France, puis se répandit. Mais les rapports entre les chiens et les nains n'étaient pas toujours paisibles, les premiers se montrant souvent jaloux des attentions dont bénéficiaient les seconds.

Les lévriers adorés de Frédéric le Grand

Bébé n'aime pas les toutous

« Bébé », surnom de Nicolas Ferry, le nain de Stanislas Leszczynski (1677-1766), roi de Pologne, se montrait très jaloux des attentions que son maître prodiguait à ses chiens, et il détestait aussi ceux des dames de la cour, au point de les jeter par la fenêtre si l'occasion se présentait.

« L'INVITÉ LE PLUS IMPORTANT DU MARIAGE N'EST PLUS... »

En juin 1937, Édouard VIII et sa femme Wallis Simpson (l'Américaine « deux fois divorcée ») allaient célébrer leur mariage au château de Candé, en Indre-et-Loire. Mais la fête fut endeuillée par la mort de Slipper, le cairn-terrier que l'ex-roi d'Angleterre avait offert à sa fiancée pour Noël, trois ans auparavant. Piqué par une vipère sur le golf de la vaste propriété, le chien ne s'en sortit pas. Sa maîtresse se disait inconsolable : « L'invité le plus important du mariage n'est plus, je ne peux m'arrêter de pleurer... » En effet, peu d'invités (seize plus précisément) participèrent à ce mariage morganatique, qui avait, en son temps, fait couler beaucoup d'encre.

LES COMPAGNONS DES HOMMES POLITIQUES

MICETTO, LE CHAT DU PAPE LÉON XII

Micetto (« petit minou »), un sympathique chat de gouttière né au Vatican, entra dans l'histoire comme le chat du pape Léon XII (1760-1829)... D'autres papes félinophiles eurent des chats comme compagnons. Micetto, lui, eut toutefois un destin hors du commun : d'abord, sa vie commença dans l'atelier de Raphaël, entouré de fresques magnifiques ; par la suite, le bon pape le remarqua et s'en occupa tendrement : caché avec délicatesse dans un pan de sa robe, il le promenait un peu partout. Très souvent, le chaton assistait, en témoin doux et discret, aux entretiens accordés aux nombreux visiteurs par son maître et écoutait leurs histoires... Eh oui, Micetto en a vu du monde ! Eh oui,

Micetto en a entendu des choses ! Puis, à la mort du pape, il fut confié à l'ambassadeur de France auprès du Saint-Siège, qui se trouvait être aussi un des plus grands écrivains français de son temps, François-René de Chateaubriand. L'auteur des *Mémoires d'outre-tombe* eut beaucoup de tendresse pour Micetto, soucieux qu'il était de lui faire oublier… son exil.

Cœurs sensibles, s'abstenir !

François-René de Chateaubriand avait grandi au château de Combourg, qu'on disait hanté par le fantôme d'un ancien comte du même nom, disparu de mort violente au XVIe siècle. Celui-ci arpentait de nuit la propriété, accompagné d'un chat noir, diabolique…

SULTAN ET TYRAS, LES CHIENS DE BISMARCK

L'action politique d'Otto von Bismarck (1815-1898), surnommé « le chancelier de fer », eut une influence capitale sur le cours de l'Histoire. Cet homme rusé et tenace, dont l'idée maîtresse était d'unifier l'Allemagne autour de la Prusse, aimait les chiens.

Tyras, le chien de l'Empire

Parmi ceux-ci, Sultan, le lévrier noir au destin tragique – il fut mortellement agressé par un chemineau – que Bismarck, présent à son agonie, pleura à chaudes larmes. Il aurait même évoqué alors une vieille croyance selon laquelle les fidèles chiens et leurs maîtres se retrouveraient au paradis.

Mais le chien le plus connu de Bismarck fut Tyras, le terrible dogue allemand surnommé « chien de l'Empire ». Grand et fort, agressif même, celui-ci ne quittait jamais son maître : le jour, il le suivait comme son ombre et dormait, la nuit, au pied de son lit. Et vous ne serez pas surpris d'apprendre que ce cerbère intraitable accumulait les incartades : une fois, il cloua au sol le Premier ministre russe Gortshakoff ; une autre fois, il déchira le chapeau du comte von Rantzau en visite de courtoisie chez le chancelier… Bismarck avait rarement réprimandé son chien, se contentant de quelques excuses auprès des victimes.

Pour terminer, ajoutons qu'il y eut aussi un Tyras II. Ce n'était pourtant pas une copie conforme du premier, loin de là. Baveux et dépourvu de grâce, ce chien « bis » accompagna néanmoins l'ancien chancelier pendant sa retraite, car comment se débarrasser d'un chien offert par l'empereur[77] ?

---

77. Il s'agit de l'empereur Guillaume II.

TABBY, LE PREMIER FÉLIN À LA MAISON-BLANCHE

C'est Abraham Lincoln (1809, assassiné en 1865), 16e président des États-Unis, qui introduit pour la première fois un chat à la Maison-Blanche. Il s'agit de Tabby, un très beau matou, que Lincoln aimait beaucoup, au point de le faire dîner à la table présidentielle, installé sur un siège et nourri avec une fourchette en or par son maître, ce qui exaspérait parfois son épouse, Mary Todd Lincoln. Celle-ci ne manqua pas une fois de reprocher à son présidentiel mari son comportement excessif. La réponse qu'elle reçut de la part de celui-ci ne manqua pas d'humour : *« Si la fourchette en or est assez bonne pour l'ex-président, James Buchanan, je pense qu'elle ira pour Tabby. »*

Trois petits minous

On raconte aussi qu'en rendant visite au général Grant, Lincoln aurait trouvé trois chatons transis de froid. Il les aurait abrités dans son manteau pour les réchauffer et aurait veillé à ce qu'ils soient correctement adoptés.

« SI TU VEUX UN AMI À WASHINGTON, PRENDS UN CHIEN [78]. »

Pour passer en revue les chiens de la Maison-Blanche, commençons par le début: George Washington, le premier président des États-Unis, avait eu de nombreux chiens. Certains avaient d'ailleurs été reçus en cadeau de son ami Lafayette. Car les deux hommes échangeaient des lettres et même des cadeaux: on apprend ainsi que le marquis avait envoyé des ânes et des chiens courants à son ami et qu'il reçut des jambons en retour.

Theodore Roosevelt s'installa à la Maison-Blanche avec ses six enfants et toute une ménagerie: ours, lézard, cochon, blaireau, poule, perroquet et, cela va de soi, plusieurs chiens. Parmi ces derniers, mentionnons Jack, un terrier noir qui fit ami-ami avec le chat Tom Quartz. Ou bien Skip, une « connaissance de chasse » qui séduisit le président au point de l'amener à Washington où il prit vite ses aises. Son maître déplorait néanmoins sa tendance à devenir un paresseux chien de salon. Le bouledogue Mike (pas tendre avec une jument de la ménagerie présidentielle, ce qui lui valut d'être abattu) ou le bull-

78. Ces paroles sont attribuées à Harry Truman, le 33e président des États-Unis.

terrier Pete (ce dernier mordit l'ambassadeur français, un certain M. Jusserand) complètent la panoplie…

SLIPPERS ET TOM QUARTZ, LES CHATS DE THÉODORE ROOSEVELT

Theodore Roosevelt (1858-1919), 26e président des États-Unis, débarqua à la Maison-Blanche un jour de septembre 1901 avec, en plus de sa famille, une ménagerie originale : un blaireau, un lézard, deux serpents, un perroquet, un lapin, un hibou, un rat blanc, des gerbilles… et on en oublie sûrement. À cela s'ajoutaient cinq chiens et deux chats.

Tom Quartz, dont le nom s'inspirait d'une nouvelle de Mark Twain, était un très beau matou, plein de vie et quelque peu cachottier. Il s'en prenait sans vergogne à ses compagnons canins, qu'il prenait parfois pour des poneys en montant lestement sur leur dos. Cette fâcheuse habitude déplaisait profondément à Jack, le terrier couleur d'ébène. Joueur, Tom Quartz se cachait derrière les meubles, voire dans les placards, et on devait bien sûr accourir pour le libérer.

En bon représentant de la race féline, Slippers, l'autre chat de la famille Roosevelt – tigré et polydactyle[79] –, passait le plus clair de son temps à dormir. Les dîners officiels et les conférences de presse ne le laissaient pas indifférent non plus, puisqu'ils étaient l'occasion de faire le plein de caresses. Certes, il lui arriva une fois de mettre littéralement ses pattes dans les plats, mais on l'aimait trop pour lui en tenir rigueur. Pour preuve – s'il en fallait une –, cette fois, où, après un copieux dîner, il s'était endormi au beau milieu du couloir par lequel le cortège officiel devait rejoindre la salle de concerts. Roosevelt invita alors ses illustres invités (l'ambassadeur britannique et sa femme) à contourner soigneusement son ami félin afin de ne pas troubler son précieux sommeil.

79. Slippers avait six doigts au bout des pattes avant.

Quartz,
le joueur et Slippers, l'endormi

Une vedette nationale : Laddie Boy

Warren Harding (1865-1923), le 29e président des États-Unis, accumulait les scandales. On dit même qu'il pouvait prétendre au titre du plus mauvais président du pays. Mais Laddie Boy, son airedale terrier, jouissait d'une grande popularité auprès du peuple. C'était une vedette nationale. En 1921, le *Washington Star* a publié une drôle d'interview avec le fameux chien qui y donna son avis sur presque tout, et sans réserve[80].

Herbert Hoover (1874-1964) fut, lui, un candidat malin : sur ses affiches électorales, il s'était mis en avant à côté de son beau berger allemand, King Tut, en jouant sur la corde sensible de son électorat qui avait aimé ce côté humain et chaleureux. Une fois élu président, Hoover installa King Tut à la Maison-Blanche (où d'ailleurs ce chien qui avait le sens du devoir n'était pas le seul hôte canin). Prenant son rôle de chien de garde (trop) au sérieux – il vadrouillait toute la nuit et surveillait les portes –, King Tut dormait peu et finit par se rendre malade. On le déménagea dans la maison

80. Bryan D. Cummins, *Airedales, The Oorang Story*, Brush Education, 2001, p. 49.

Laddie Boy, mascotte de Warren Harding

privée des Hoover, mais il continua à dépérir..., sans doute ne supportait-il pas d'être ainsi mis au repos. Il finit par mourir peu de temps après.

L'autre Roosevelt à être entré à la Maison-Blanche comme président[81] – Franklin (1882-1945) –, lointain parent du premier (Theodore), s'inscrit lui aussi dans la tradition des présidents américains amis des chiens. Le sien, un terrier écossais, fut même l'un des plus célèbres : Fala avait assisté à la signature de la charte de l'Atlantique (1941), allongé aux pieds de son maître et de Churchill – pas sûr, en revanche, qu'il ait compris l'importance du moment. Peu importe ! Fala – dont le nom fut choisi par son maître d'après John Murray of Falahill (un ancêtre écossais) – prenait indifféremment avion, train ou bateau, pour le suivre de conférence en rencontre avec d'autres chefs d'État. Les médias s'en emparèrent et, l'un entraînant l'autre, la célébrité ne se fit pas attendre, car Fala profitait de l'image de son maître comme celui-ci profitait de celle de son chien.

En 1943, Fala inspira à Alan Foster des dessins animés politiques qui connurent un grand succès : *Mr. Fala of the White House*. Cette même année, il avait accompagné le président sur le croiseur *Baltimore*, et

81. Il fut le 32e président des États-Unis.

se retrouva avec plusieurs trous sur son beau pelage : les marins l'adoraient et voulaient en garder un petit souvenir !...

Fala's speech

Ce fut le moment de gloire de cet adorable chien. En septembre 1944, pour ouvrir sa campagne présidentielle, Roosevelt tint un discours brillant, dont la fin fut consacrée à Fala. Les républicains lui avaient, en effet, reproché les dépenses importantes engendrées par la récupération du chien, involontairement oublié sur les îles Aléoutiennes lors d'une visite. Cette partie du discours, inspirée peut-être par Orson Welles, eut un grand retentissement sur l'auditoire. On dit même que cela contribua à retourner l'opinion en sa faveur.

Richard Nixon (1913-1994), se souvenant du fameux discours de Roosevelt, n'hésita pas à faire pareil en évoquant son épagneul cocker Checkers pour appuyer sa candidature à la vice-présidence en 1950.

La liste des chiens présidentiels se poursuit avec les animaux de la famille Kennedy, dont : Charlie, un welsh terrier, Pushinka (descendante de Strelka, la chienne astronaute que la petite Caroline reçut en cadeau de Nikita Khrouchtchev) ou Clipper, le berger allemand…

Et, tout près de nous, le président Obama (né en 1961) ne faillit pas à la tradition : après Bo, chien d'eau portugais, la famille s'agrandit avec un nouveau membre canin : une femelle de la même race, appelée Sunny (« Radieuse »).

PRUDENCE, LA CHATTE DE GEORGES CLEMENCEAU

Disons-le d'emblée : le Tigre – un surnom qu'il n'appréciait guère[82] – aimait les chats. Prudence, une belle persane bleue, faisait sa fierté, tout comme son Skye-terrier. Imaginons un instant Georges Clemenceau (1841-1929) – créateur des Brigades du Tigre, tombeur des ministères, « Père la Victoire[83] » et une des grandes figures de la IIIe République – en train de caresser son amie féline et de lui faire un brin de causette entre deux réunions qui décidaient du sort de l'Europe… Lorsque, après l'échec de sa candidature à la présidence de la République, il quitta la scène politique, blessé dans son

82. Il protestait ainsi contre ce surnom : *« Tout en machoire et peu de cervelle. Cela ne me ressemble pas. »*

83. Son autre surnom, reçu après l'armistice, et qui rend compte du rôle que Clemenceau eut dans le redressement de 1918.

orgueil, c'est Prudence encore qui l'accompagna, fidèle et affectueuse, dans sa nouvelle vie d'écrivain, élu à l'Académie française.

« UN VRAI MINISTRE..., IL ABOIE EN RECULANT », DISAIT DE LUI CLEMENCEAU

Clemenceau[84] ne pouvait s'entourer, dans sa vie privée, d'animaux à la personnalité effacée... On raconte ainsi que son chien – Dunley, un dogue argentin offert par son ami anglais l'amiral F.A. Maxse – aimait beaucoup les courses en fiacre et ne s'en privait pas... Lorsqu'il en apercevait un de disponible, il y montait prestement puis, d'un mouvement décidé, présentait au cocher son collier avec l'adresse de la maison inscrite dessus. Le cocher se pliait volontiers à sa demande et le déposait rue Franklin, où il était réceptionné par Clemenceau lui-même, qui réglait la course – parfois en maugréant.

Ce brave Dunley avait su gagner le cœur de son maître, de nombreuses photos le prouvent: ici, un

84. Clemenceau (1841-1929) avait reçu, de son vivant même, un nombre record de surnoms. Parmi les plus connus : le « Tigre », le « tombeur de ministres », le « premier flic de France », le « Père la Victoire »...

cliché le représente couché sur le rebord de la fenêtre du cabinet du ministère de l'Intérieur; là, on le voit « à l'aise » dans la cour du même ministère...

Mais d'autres chiens, après Dunley, ont bénéficié de l'affection de l'illustre Vendéen – encore une fois, photos à l'appui : celle prise à Bernouville, sa résidence de campagne, vers 1910, nous montre le Tigre jouant avec un chien de chasse. Puis, aux alentours de 1920, une photographie du « Chien Bif », prise par Jean-Baptiste Tournassoud (1866-1951), figure dans l'album que le photographe avait offert à Clemenceau...

Enfin, en 1928, le cinéaste Henri Diamant-Berger (1895-1972), dans le film documentaire qu'il tourna en Vendée, à Saint-Vincent-sur-Jard, avait immortalisé Clemenceau, au soir de sa vie, à côté d'un terrier écossais répondant au nom de Kali[85]. Ce petit chien, qui l'a accompagné pendant ses dernières années, lui inspira la jolie phrase où se mêlent l'humour et ce redoutable sens de la formule à la fois envié et craint par ses adversaires: « Un vrai ministre..., il aboie en reculant. »

85. Du nom de la divinité hindoue Kali, qu'on représente souvent la langue tirée et le regard féroce.

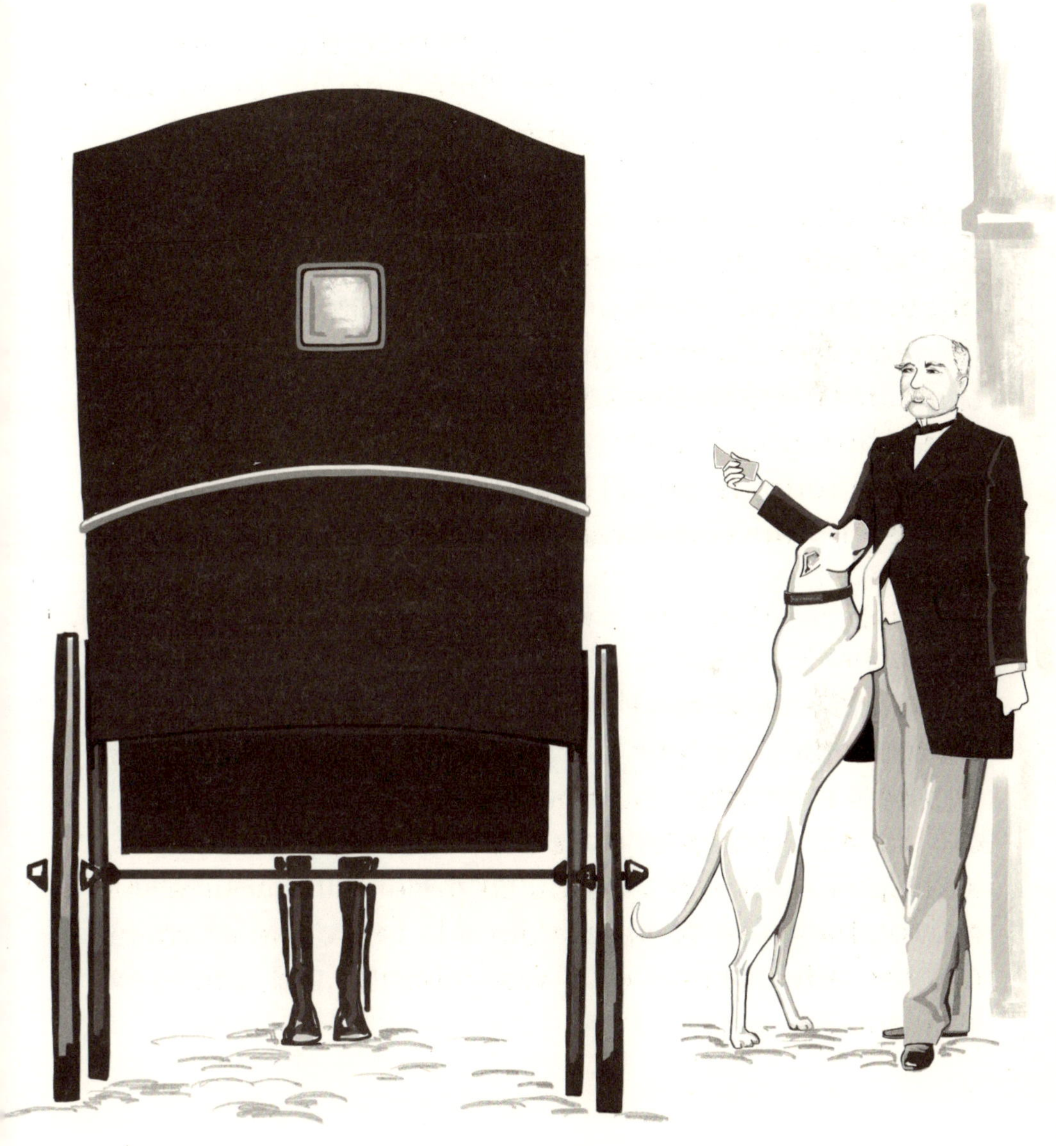

Dunley, amateur de courses en fiacre

GRIS-GRIS, LE SIAMOIS DE RAYMOND POINCARÉ

Tout le monde vous le dira - et même son biographe[86] - Raymond Poincaré (1860-1934) appréciait les animaux, et tout particulièrement les chats. (À ne pas confondre avec le mathématicien, Henri Poincaré, cousin du président, qui avait, lui, d'autres chats à fouetter !) Entre Gris-Gris et Scott, son colley, il arrivait à se reposer des tâches administratives, qui lui pesaient parfois lourdement, et retrouvait enfin les plaisirs simples de la vie.

Quelle frayeur ont-ils eue lorsque Gris-Gris atterrit sur les dalles de la cour après une très grosse chute, pendant la visite de Madame Poincaré dans un hôpital américain. Attentionné, le locataire de l'Élysée, s'inquiétait pour son minou, car il lui semblait qu'il était troublé et un peu perdu parmi tant de monde[87]. Mêmes les défauts de ce chat parfois un peu tyrannique (mais combien attachant !) lui apparaissaient comme des qualités. Platon ne disait-il pas dans *Les Lois* : *« Celui qui aime s'aveugle sur ce qu'il aime »* ?

---

86. Il s'agit de Gabriel Mourey et de son ouvrage *Monsieur Raymond Poincaré et ses bêtes.*

87. Raymond Poincaré, *Au service de la France : neuf années de souvenirs VIII. Verdun 1916*, Librairie Plon, 1931.

BRAVO, UN FIDÈLE « AMI » DU PRÉSIDENT POINCARÉ

Raymond Poincaré (1860-1934) fut le dixième président de la France (entre 1913 et 1920) pendant la Grande Guerre. On le précise, puisqu'il y eut aussi Henri Poincaré (1854-1912), le savant (mathématicien, ingénieur, philosophe...). Ils étaient d'ailleurs cousins et, à vrai dire, tous les deux aimaient beaucoup les animaux. Mais retournons à Raymond, dont il sera question dans ces lignes. À Bar-le-Duc, où il grandit, la maison des Poincaré comprenait, outre la chambre pour les domestiques, des dépendances : une écurie, une sellerie et un chenil. Plus tard, son grand-père maternel s'installa à Sampigny. Quel bonheur de se retrouver chez lui à la campagne, avec son frère, Lucien ! Pompon, un caniche blanc frisé, accueillait les deux garçons avec joie en remuant sa « petite queue soyeuse », comme le consignait dans son journal le jeune Raymond. « Bon-papa » était chasseur et ses chiens – Bismarck, Pompon et Finette – ne manquaient jamais à l'appel.

Lorsque, bien plus tard, Poincaré nota ses souvenirs des années de guerre[88], le chien Bravo y fut évoqué

88. Raymond Poincaré, *Au service de la France. Neuf années de souvenir, L'Invasion 1914* (vol.VI), Nouveau Monde Éditions, 2012.

à plusieurs reprises avec tendresse : le gardien fidèle du Clos, à Sampigny, dans la Meuse, le compagnon des promenades, l'ami sincère... Ce berger allemand « très gentil et très caressant[89] » ne le quittait, semble-t-il, jamais.

CAT, NELSON ET JOCK, LES CHATS DE WINSTON CHURCHILL

« Ce n'est pas le chat qui vit chez son maître, c'est le maître qui vit chez le chat. » Winston Churchill (1874-1965) – en son temps l'homme le plus puissant d'Angleterre – a été toute sa vie un inconditionnel de la gente féline. Parmi les chats qu'il a possédés, trois sont restés célèbres : Cat, Nelson et Jock.

Cat s'était caché un jour, après avoir été réprimandé par son maître. Churchill le rechercha puis, en désespoir de cause, posa contre la fenêtre une grande pancarte avec ce texte touchant et comique à la fois : *« Cat reviens, tout est pardonné ! »*

On ne sait pas si Cat lut le message, mais il revint chez son maître qui éprouva un grand soulagement et fit tout pour lui faire oublier l'incident.

89. *Apud* François Roth, *Raymond Poincaré*, Libraire Arthème Fayard, 2000.

Braver le ridicule

Pendant la Seconde Guerre mondiale, le compagnon félin de Churchill répondait au nom – ô, combien approprié – de Nelson. Vous vous rappelez, l'amiral Nelson, celui de la bataille de Trafalgar, où il a d'ailleurs perdu la vie… Eh bien, John Colville, le secrétaire de Churchill, raconte comment, lors d'une alerte, Nelson le chat noir s'était caché sous la commode, et comment son maître, à quatre pattes, tentait en vain de lui insuffler du courage : *« Tu devrais avoir honte, avec un nom comme le tien, de te cacher ainsi, alors que tous nos braves petits gars de la RAF sont en train de combattre héroïquement dans le ciel pour sauver leur pays. »* Alors, approprié le nom du chat ? Pas tant que ça, sauf si on prend en compte la « *Nelson touch* »…

Jock[90], un minet roux d'une grande douceur, entra dans la vie de Churchill alors qu'il avait atteint 88 ans. Ils n'ont pas fait beaucoup de chemin ensemble, juste un petit bout : Jock n'avait que deux ans en 1965, quand son maître tira sa révérence… Le chat, lui,

90. Jock était, en fait, le surnom de John Colville, celui-là même qui avait offert le chaton à Churchill.

continua sa vie paisiblement à Chartwell, la résidence familiale, jusqu'en 1971[91], année de sa mort. Il faut ajouter, pour conclure, que Chartwell fut léguée au National Trust par son propriétaire. La condition de ce legs généreux fut que la confortable demeure accueille en permanence un chat roux – avec, si possible, un plastron blanc et des chaussettes tout aussi blanches – nommé… Jock. L'actuel résident est le chanceux Jock VI : trouvé dans un refuge local, après avoir vécu dans la rue, il fait maintenant des siestes tranquilles devant la cheminée, foule les beaux tapis des salons et se régale de thon frais…

Une caresse porte-bonheur

Churchill caressait tous les chats qui croisaient son chemin, sans discrimination… Les Anglais sont d'ailleurs nombreux à penser que la caresse qu'il avait faite à Blackie[92] – le chat de gouttière noir aux pattes arrière blanches – a été pour beaucoup dans sa victoire de la Seconde Guerre mondiale.

91. 1974 selon d'autres sources.

92. Blackie a été la mascotte du *HMS Prince of Wales*, le navire de la Royal Navy.

Churchill et son peureux de Nelson

LA CHATTERIE DU PRÉSIDENT CALVIN COOLIDGE

Le 30e président des États-Unis de 1923 à 1929, Calvin Coolidge, était un grand ami des animaux - et pas que domestiques ! - notamment des chats. Il possédait une ménagerie dont faisaient partie un lynx, deux lionceaux, un wallaby, deux ratons-laveurs, un ours, et même un hippopotame pygmée…

Du côté des chats, six heureux félins - répondant aux noms de Blackie, Bounder, Climber, Smokey, Tiger et Timmie - partageaient la vie de la famille à la Maison-Blanche. Une douce harmonie semblait y régner, puisque Timmie avait l'habitude de dormir avec les… canaris. Tiger, lui, accompagnait son maître chaque fois qu'il le pouvait, parfois même enroulé autour de son cou…

FOXL ET BLONDI, LES CHIENS D'HITLER

Un des premiers chiens connus d'Hitler (1889-1945) fut Foxl, un fox-terrier. Il poursuivait un rat jusque dans la tranchée où se trouvait le soldat Adolf. C'était en 1915, pendant la Première Guerre mondiale. Petit à petit, Hitler dompta ce petit chien anglais qui lui rendait

Timmie roupillant auprès de ses amis, les… canaris

bien son affection, puisqu'il ne le quitta plus, apprenant docilement tous ses tours et l'accompagnant fidèlement - à la bataille de la Somme, entre autres. Puis Foxl fut enlevé deux ans plus tard, près de Colmar, suscitant un grand chagrin chez son maître.

D'autres chiens - dont Burly, un petit scottish-terrier - parvinrent à consoler Hitler dans les années qui suivirent ce rapt. Il jouait avec eux dans l'intimité, mais se montrait froid et sévère dès qu'il y avait des témoins : comment diable agir autrement quand on voulait donner l'image d'un grand chef de guerre sans aucune, mais aucune, faiblesse ? ! ?

Enfin, en 1943, après la débâcle de Stalingrad, c'est Blondi, un berger allemand, qui fit son entrée sur la grande scène de l'Histoire. Martin Borman (1900-1945), conseiller du Führer et l'un des hommes les plus puissants du IIIe Reich, en fit cadeau à son supérieur. Et les voilà partis - Hitler et sa nouvelle protégée canine - pour une amitié sans pareille. Il faut dire qu'Hitler ne craignait plus désormais de montrer l'affection qu'il portait à sa chienne : il la promenait, la faisait manger, lui faisait faire des exercices autour de son bunker de la Wolfsschanze (Prussie orientale)… Le temps passé avec Blondy était impressionnant, tout comme les performances de celle-ci : elle pouvait monter sur une échelle, sauter par-dessus un obstacle d'une hauteur considérable (1,80 mètre), ou bien « chanter » comme un soprano colorature, la plus haute de toutes les voix, ou comme un contralto, la voix la plus grave, selon la demande de son maître. Eva Braun, la maîtresse d'Hitler, détestait ce grand chien qu'elle comparait à un veau, d'autant plus qu'elle-même possédait deux fox-terriers (Négus et Stasi) méprisés par le Führer.

Après des tentatives échouées, Hitler réussit enfin à faire reproduire sa chienne. Parmi les chiots, Wolfi avait tapé dans l'œil de son maître… Mais cette histoire-là ne s'est pas écrite. En avril 1945, le docteur Stumpfegger (1910-1945) tua Blondy et ses petits en leur administrant du cyanure. Quelques jours plus tard, Hitler se suicida en compagnie d'Eva Braun, qu'il avait épousée la veille.

RINGO DE BALMALON (ALIAS GRIS-GRIS), LE CHAT DU GÉNÉRAL DE GAULLE

Le Grand Charles ami des chats ? Si, si, vous lisez bien. Cette amitié se développa dans la seconde partie de sa vie, quand Yvonne, son épouse, fit l'acquisition d'un chartreux muni d'un pedigree en bonne et due forme : Ringo de Balmalon. Comme d'autres présidents français, le général de Gaulle (1890-1970) s'était intéressé davantage aux chiens. Pourtant, ce chartreux joufflu, à la fourrure soyeuse et aux yeux dorés a su trouver le chemin de son cœur. Rebaptisé Gris-Gris, il accompagnait ses promenades quotidiennes dans le parc de la Boiserie, à Colombey-les-Deux-Églises, la propriété des De Gaulle qui, par ses paysages de landes et de forêts, correspondait parfaitement à l'esprit du Général.

Non seulement Gris-Gris devint un compagnon cher et inséparable du Général, mais celui-ci n'hésitait pas à en parler à Malraux – un autre grand ami des chats – parfois même pendant le Conseil des ministres, ce qui n'était pas sans étonner ces derniers. Un jour, contrarié ou irrité par une question de son ministre de la Culture, de Gaulle lui fit cette réponse : *« Les chatons jouent, les chats méditent. »*

CHACUN À SA PLACE… CHEZ DE GAULLE

Le Général (1890-1970) aimait les animaux, c'est un fait. À La Boisserie – sa résidence à Colombey-les-Deux-Églises – vivaient en harmonie moutons, lapins, poules, chien et chat… S'il les respectait tous – il refusait fermement de manger à table les animaux familiers, prétextant qu'« on ne mange pas les animaux qu'on

Gris-Gris, le meilleur ami de De Gaulle

connaît » –, de Gaulle préférait les chiens, des corgis pour la plupart, et qui s'appelaient souvent Rasemotte ou Hélice.

Son fils[93] raconte que le Général avait reçu en cadeau d'un ancien de la 2e DB qui revenait de Berchtesgaden un chien-loup, descendant de celui d'Hitler. Ce chien était rétif, et le fidèle commandant de Bonneval, ancien aide de camp du général de Gaulle, perdait parfois patience dans sa tentative de le dresser ; une fois, il lui donna un petit coup sur l'arrière-train. Cela déplut au Général qui n'approuvait pas qu'on martyrisât les bêtes.

Néanmoins, à La Boisserie, chacun avait sa place bien déterminée, car le rôle de chacun était différent. Si le chien pouvait dormir dans le salon, sur le tapis, aux pieds de son maître, il n'était guère toléré dans le lit ou sur le fauteuil. Tout comme une poule n'avait rien à chercher dans la maison. Et pas d'animaux dans le bureau, cela va sans dire. Question de bon sens !

93. Philippe de Gaulle, *De Gaulle, mon père. Entretiens avec Michel Tauriac*, Plon, 2014.

LUSTRÉE, LA CHATTE AUX YEUX VERTS D'ANDRÉ MALRAUX

Romancier remarquable, combattant de la guerre d'Espagne et résistant, ministre de la Culture du gouvernement de Gaulle, Malraux (1901-1976) semble avoir découvert son amour pour les chats sur le tard, une fois retourné à une vie sédentaire : Essuie-Plume a été immortalisée dans ses *Antimémoires*, mais aucune trace de félins dans les romans…

Une fois l'aventure derrière lui, place fut faite à la sagesse, à la sérénité, à une certaine forme de bonheur et… aux chats : Fourrure – une chatte tigrée aux yeux couleur dorée. Et surtout Lustrée – la chatte noire aux yeux verts, fascinants…

Fan de chats

Malraux a passé ses dernières années au château de Verrières-le-Buisson (XVIIe siècle), comme hôte de la femme de lettres Louise de Vilmorin (1902-1969), son amour de jeunesse. Il fit découper des chatières dans les portes classées du château au grand dam de Louise de Vilmorin.

Chatière dans le château de Malraux

TOM KITTEN, LE CHAT DU PRÉSIDENT JOHN FITZGERALD KENNEDY

Vous souvenez-vous de Tom Chaton[94] et de ses deux sœurs Mousse et Mistoufle ? La délicieuse histoire que vous réclamiez tous les soirs quand vous étiez enfant ? Allez, un petit effort ! Le héros de Beatrix Potter avait prêté son nom au chat de Caroline, la fille de John Fitzgerald Kennedy (1917, assassiné en 1963), le 35e président des États-Unis. Tom Kitten, le chat de la Maison-Blanche, le portait bien d'ailleurs, puisqu'il avait un tas d'amis avec qui il a partagé son séjour « présidentiel » : le lapin Zsa Zsa, les perruches Bluebell et Marybelle, les hamsters Billie et Debbie, le cheval Sardar, les poneys Macaroni, Tex et Leprachaun… ouf ! Et la liste n'est même pas complète. Cependant, notre pétillant chaton a dû les quitter car le Président était… allergique aux chats – un diagnostic tardif.

SHAN SHEIN, LE CHAT DU PRÉSIDENT GÉRALD FORD

Shan Shein, le siamois de Suzan Elizabeth – la fille du couple Ford – dont le nom a été inspiré par un voyage en Chine, a suivi la famille du 38e président des États-Unis

94. Titre original : *The Tale of Tom Kitten* (1907).

à la Maison-Blanche. Choyée par sa jeune maîtresse – il dormait sur son lit –, il faisait la joie de tous les autres membres de la famille, y compris de Gerald Ford (1913-2006) lui-même. Son seul souci : éviter Liberty, le golden retriever, avec qui les relations n'étaient pas toujours sereines. Cependant, en bon chat, Shan Shein appréciait peu de ne pas partager certains des voyages de la famille Ford et leur montrait volontiers son mécontentement dès leur retour à la maison.

MISTY MALARKY YING YANG, LA STAR FÉLINE DU PRÉSIDENT JIMMY CARTER

Le siamois au nom complexe qui s'installa douillettement à la Maison-Blanche, en 1977, appartenait de fait à Amy Lynn Carter, fille de Jimmy Carter (39e président des États-Unis, né en 1924). Caractère bien trempé, Misty eut le dessus sur Grits, le chien que la famille Carter avait adopté et avec qui la cohabitation s'avéra impossible. Appréciant sans doute de se trouver sous les feux de la rampe, Misty posa avec succès pour un calendrier. Par ailleurs, il lui arrivait aussi de voyager dans l'hélicoptère présidentiel ou de se remémorer les moments forts de la journée en s'installant tranquillement pour roupiller dans la maison de poupée de son adorable maîtresse.

Mitsy à son aise au milieu des poupées

« À MOI LES CÂLINS, À EUX LA TRIQUE[95]. » LE LABRADOR DE TONTON...

Les labradors seraient-ils des chiens de présidents ? On pourrait le croire, si l'on revoit les préférences de quelques-uns des présidents français : Pompidou (Jupiter), Giscard (Jugurtha, Samba), Sarkozy (Indy, Clara) et, le dernier en date, Philae, offert à François Hollande. À l'exception de Jacques Chirac[96] qui avait fini par prendre un bichon maltais : Sumo.

Mais Baltique, le labrador noir de Mitterrand (1916-1996), est sans doute le plus connu de tous. Il fut offert au président pour « succéder » à Nil, mort d'une tumeur au cerveau. Profondément ému, Mitterrand avait assisté à ses derniers instants en quittant une réception en l'honneur de Gorbatchev.

On dit que Mitterrand aimait les chiens plus que les hommes, et qu'il prenait parfois un malin plaisir à « dresser » son entourage... En tout cas à la cour... euh, pardon, au Palais, la plupart cherchaient à plaire au Maître, souvent en passant par le brave toutou qui

---

95. *Baltique, Le Gros Secret, Mémoires du labrador de François Mitterrand*, Calmann-Lévy, 1996, p. 39.

96. Jacques Chirac (né en 1932) avait eu un labrador noir, Maskou, décédé en 1998. Il l'avait remplacé par la suite par des bichons maltais blancs.

se voyait offrir des jouets ou des friandises. Comme, par exemple, ce cadeau pour le moins original de M. Rocard : une imitation en mousse de Margaret Thatcher, qui faisait *tchouic-tchouic* si on pressait dessus. Amusé et ironique, le président commanda alors un « Séguéla » et, le jour où le vrai Jacques Séguéla (né en 1934) se présenta au rendez-vous, quelle ne fut sa… « surprise » devant la mauvaise plaisanterie de Tonton. Pas chien du tout !!!

SOCKS, LE CHAT DU PRÉSIDENT BILL CLINTON

Socks était, comme ce fut le cas pour d'autres félins présidentiels, le chat adoré de Chelsea, la fille de Bill Clinton (42e président des États-Unis, né en 1946). Elle l'avait adopté chez son professeur de piano, en 1991, mais très vite le minet à la belle fourrure noir et blanc devint l'animal préféré de toute la famille – et pas seulement de la famille. Il joua un rôle actif pendant la présidence Clinton et fut connu ainsi de toute l'Amérique. Les enfants, surtout, l'aimaient beaucoup, puisqu'il accompagnait la Première Dame dans ses visites aux écoles ou aux hôpitaux ; et c'était Socks toujours qui, depuis un dessin animé, les guidait quand ils visitaient virtuellement le site de la Maison-Blanche. Il recevait des lettres (auxquelles le personnel répondait sans faillir), fut l'objet de plusieurs livres et d'une comédie télévisée…

Lorsqu'en 1997 le labrador Buddy fit son apparition chez les Clinton, Socks fut ébranlé. Non seulement il n'était plus l'unique animal de la Maison-Blanche, mais son titre d'animal préféré en recevait un coup. Il resta néanmoins célèbre même si, lorsque la famille quitta les lieux en 2001, le chat fut confié à Betty Curie, la secrétaire du Président, et que l'on garda le chien.

Socks continua de participer à certaines manifestations (comme la parade de Noël de Little Rock, en Arkansas) jusqu'en 2004. Atteint d'un cancer, il fut euthanasié en 2009.

INDIA, LA CHATTE DU PRÉSIDENT GEORGE W. BUSH

La chatte noire du président Bush (43e président des États-Unis, né en 1946) devait son nom au joueur de l'équipe de baseball des Texas Rangers, Rubén Sierra, surnommé Indio. Elle a partagé la vie de la famille Bush pendant près de vingt ans, de 1990 à 2009, et a accompagné le couple présidentiel lors de son installation à la Maison-Blanche. Toutefois, les scottish terriers du Président – qui jouaient un peu les stars – l'ont laissée quelquefois dans l'ombre.

Socks relevant le courrier de ses nombreux fans

Président en chef ! Président en chat !

Dans certains pays d'Asie les adeptes de la réincarnation croient que l'esprit du disparu s'introduit dans le chat de la maison. Sir Robert Grant, gouverneur de Bombay, y rendit l'âme en 1838. Les sentinelles du palais saluaient tous les chats qui passaient le seuil de la maison après le coucher du soleil ne sachant pas lequel parmi eux était désormais le gouverneur.

LES CHATS ET LES SAVANTS

GRIMALKIN, LE CHAT DE NOSTRADAMUS

On ne pouvait l'oublier, ce mystérieux matou que son illustre maître considérait comme la réincarnation du chat de Cléopâtre. Grimalkin était par ailleurs très connu en son temps, et même après.

Michel de Nostredame (1503-1566), ou Nostradamus pour les connaisseurs, pratiquait l'astrologie - ce qui était plutôt courant pour un apothicaire à la Renaissance. Néanmoins, Nostradamus semblait avoir aussi le don de faire des prédictions... assez difficiles d'accès à cause de leur style énigmatique, truffé de références savantes. Grimalkin participait, semble-t-il, à ces prophéties.

En tout cas, chat et maître étaient très appréciés par Catherine de Médicis, et sont même représentés ensemble en train de se déplacer dans un labyrinthe géant symbolisant la destinée.

Chats de sorcières

Lors du célèbre procès des sorcières de Salem, qui eut lieu en 1692 dans le Massachusetts, un certain Robert Downer s'était persuadé qu'un démon avait pris la forme d'un chat et avait pénétré par la fenêtre dans sa chambre à coucher afin de l'étrangler. Il lui aurait échappé en invoquant la Sainte Trinité, ce qui aurait fait fuir le félin diabolique.

MARION, LA CHATTE MUSE D'ISAAC NEWTON OU QUAND LES CHATS NOUS TOMBENT SUR LA TÊTE

Isaac Newton (1642-1727), le fameux auteur de la théorie de l'attraction universelle (ou de la gravitation) était aussi un grand ami des chats. D'ailleurs, ce n'est pas une pomme qui lui a inspiré sa théorie, comme vous le pensiez, mais son chat qui est tombé d'un...

pommier. C'était en 1665 : pendant l'épidémie de peste à Londres, Newton s'était retiré à la campagne, à Woolsthorpe, et un après-midi, alors qu'il faisait la sieste sous un pommier, son chat lui tomba dessus. (Cela dit, le félin a pu entraîner une pomme ou deux dans sa chute, d'où peut-être le « malentendu » !) *« Qu'est-ce qui fait que la Lune ne tombe pas ? »* se demanda alors le physicien (ou le mathématicien, si vous préférez, car Newton était l'un et l'autre, et même astronome)... Et de fil en aiguille...

Maintenant, si vous me demandiez ce que faisait le chat de Newton sur la branche du pommier, je vous répondrais ceci : il tentait de s'échapper de la maison, en passant par la fenêtre, puis en sautant dans le pommier...

Et pourquoi voulait-il aller dehors ? Mais par égards pour son bon maître, pardi ! Ce dernier avait besoin, pour ses recherches sur le télescope, de s'enfermer dans une pièce obscure, et cela de longues heures durant. Son chat, lui, adorait entrer et sortir – comme tout félin qui se respecte –, seulement pour cela il fallait sans cesse déranger Newton.

Puis, un jour, le savant – qui tenait beaucoup au confort de son chat – eut l'idée lumineuse de pratiquer un trou dans la porte, équipant ce petit passage d'un portillon. La chatière était née.

Dernière précision, le nom de ce célèbre chat: Marion…

MACEK, LE CHAT DE NIKOLA TESLA

Vous pensez immédiatement à Tesla Motors, le constructeur automobile? Vous n'avez pas complètement tort, car son nom est inspiré par Nikola Tesla (1856-1943), le génie serbe de la Croatie (à l'époque, partie de l'Empire d'Autriche). Inventeur, physicien, « découvreur » – comme il aimait se définir – dans le domaine de l'énergie électrique. Cependant, c'est l'enfant Nikola Tesla, ami avec le « plus beau chat du monde » – à savoir Macek – qui nous intéresse ici. Pendant un hiver particulièrement rigoureux, dans une ferme reculée où il vivait alors avec sa famille, le petit Nikola fut fasciné par un phénomène magique: les boules de neige lancées contre un mur explosaient comme des feux d'artifice…

Mais il y eut encore plus fort que cela: le dos de Macek, le chat, était couvert d'une plaque lumineuse et la caresse de l'enfant entraînait une véritable pluie d'étincelles qui claquaient dans le silence de la maison. Les yeux émerveillés du petit Nikola ne quittaient plus ce chat de lumière qui illuminait à lui seul les pièces sombres en les traversant à pas feutrés. C'est grâce à lui que, plus tard, Nikola entreprit des recherches sur les phénomènes électriques. Et si ses découvertes ont rendu autant service à l'humanité, le matou Macek y était aussi pour quelque chose.

Le fou des chats

Louis Wain (1860-1939) était surnommé « l'homme qui dessine les chats[97] ». Ce peintre britannique obsédé par les chats – il en avait créé plus de 10000 – les représentait avec de grands yeux de « fous », habillés comme des humains et s'adonnant à des activités mondaines, un peu comme cela se passe dans les fables de La Fontaine.

Passionné par les chats, Louis fréquenta les expositions félines – populaires à cette époque en Grande-Bretagne –, et il publia une série de dessins sur les chats (*A Kittens Christmas Party*, « Le Noël des chatons »). Parallèlement à son travail de dessinateur, il présida le Cat Club. Bien que diagnostiqué schizophrène vers 1917, il continua à produire d'excellents dessins… de chats. Au point que le célèbre H. G. Wells déclarait que : *« Les chats anglais qui ne ressemblent pas à ceux de Louis Wain devraient avoir honte d'eux-mêmes. »*

97. Lesley O'Mara, *Les Chats.*

LES CHIENS ET LES CHASSEURS

L'origine de la chasse remonte aux débuts de l'humanité : pratiquée d'abord par nécessité, puis par plaisir, cette activité s'impose peu à peu comme un acte social dans lequel l'individu prend tout son sens par la connaissance qu'il a de la nature et de l'animal en premier lieu.

Au Moyen Âge, la chasse faisait partie de l'éducation des jeunes princes, que ce soit pour endurcir leur cœur, leur apprendre à gérer les émotions, à affronter leurs angoisses, ou pour les préparer à faire la guerre. Leurs jouets étaient souvent des chiens et des chats en verre ou en porcelaine, comme ces miniatures offertes par l'épouse d'Héroard [98], le célèbre médecin royal, au

98. Rappelons au passage que Jean Héroard a tenu un journal professionnel minutieux consignant jour après jour les faits concernant la santé de son illustre patient, de 1601 à 1627.

futur Louis XIII. Ou comme ce cadeau que la princesse Palatine[99] avait fait à son petit-fils, le duc de Chartres : trois chiens, trois pigeons et un chat…

On mettait entre les mains des enfants royaux des livres de chasse et des bestiaires, des contes et des récits dans lesquels les animaux occupaient une place de choix… À partir du XVIe siècle, on leur faisait apprendre par cœur les fables d'Ésope, puis celles de La Fontaine, en exaltant ainsi l'amour pour les bêtes.

L'ART DE LA CHASSE DE XÉNOPHON

Au IVe siècle av. J.-C., Xénophon (env. 426 av. J.-C.-354 av. J.-C.) - philosophe et historien athénien, élève de Socrate - rédigeait le premier traité cynégétique connu. Il y insiste sur le caractère éducatif de la chasse, censée stimuler chez les jeunes des qualités comme le courage, la persévérance, l'autocontrôle…, ce qui en faisait donc un élément indispensable de leur formation.

99. Élisabeth-Charlotte de Bavière, seconde épouse de Philippe d'Orléans, le frère de Louis XIV.

Le livre de la chasse de Gaston Phébus, comte de Foix

Gaston III de Foix-Béarn ou Phébus (1331-1391), seigneur des Pyrénées, mécène, écrivain, menait à Orthez une vie de luxe, entouré d'une cour somptueuse. Il tira sa révérence à soixante et un ans à la suite d'une crise cardiaque survenue lors d'une… chasse à l'ours dans la montagne. On se souvient aujourd'hui encore notamment de son célèbre traité de chasse (le *Livre de la chasse*) dicté à un copiste en son château de Moncade, vers 1387. Cet ouvrage, soigneusement composé en français, était aussi très richement illustré et se rapprochait, par endroits, d'un livre d'histoire naturelle, ce qui explique son utilisation jusqu'au XVIIIe siècle, et même après.

Un chapitre intitulé « De la nature des chiens » renseigne sur les différentes races, sur leurs habitudes alimentaires et sur leur dressage. Le comte de Foix lui-même possédait une meute de 1 600 chiens, composée de lévriers, de chiens courants, de dogues, d'épagneuls et de mâtins, chacun tenant son rôle précis au cours de la chasse.

La chasse constituait donc le passe-temps favori tant des princes que des princesses, et les chiens de meute furent leurs premiers compagnons. Charlemagne (742 env.-814) était, paraît-il, un ardent chasseur et un cavalier redoutable. Il aurait reçu pour la première fois son surnom (*Magnus*) à la suite d'un exploit cynégétique, dans les forêts des Vosges, en abattant un énorme ours. Son fils, Louis le Pieux (778-840), en digne successeur, se montrait à la hauteur lui aussi. Et la kyrielle de souverains rompus à la chasse devait se poursuivre ainsi d'un siècle à l'autre, car cette occupation faisait partie du quotidien, comme le prouvent les nombreux récits détaillés sur le sujet.

« Beau, vif, léger à la course »

Laissons-nous un instant emporter par les belles légendes avec celle de Tristan, d'Iseut et du chien Husdent : les deux amants fuyaient la colère du roi Marc et trouvèrent refuge dans la forêt… Ce petit braque que Tristan avait laissé à Tintagel fut, dans un premier temps, enfermé dans le donjon, puis habilement libéré afin qu'il découvre la cachette des fugitifs et qu'il y conduise les soldats du roi. Mais, une fois arrivé dans la forêt, il se laissa dresser par son maître à ne pas aboyer, à « chasser à la muette ». Comme quoi, il ne faut jamais sous-estimer l'affection d'un chien !

MÉSAVENTURE EN FORÊT DE CUISE (COMPIÈGNE)

Philippe II Auguste (1165-1223) – rappelez-vous, pour mieux le situer, la bataille de Bouvines qu'il avait gagnée un beau dimanche de juillet 1214 – se montra également un ardent chasseur. Lorsqu'il avait 14 ans et qu'il chassait le sanglier en forêt de Cuise, sur un cheval « de feu », il s'égara et erra deux jours durant jusqu'à ce qu'enfin le hasard lui fasse rencontrer un charbonnier. Le visage noirci de ce dernier et la hache qu'il portait à son cou effrayèrent le jeune prince qui se voua à Dieu, à la Vierge Marie et à saint Denis, patron des rois de France. Mais le paysan reconnut son souverain et le ramena à Compiègne. Néanmoins, cette mésaventure ne détourna pas le futur roi de la chasse, puisqu'il devint par la suite un veneur de premier ordre (il avait une meute de chiens pour la chasse à courre, spécialement dressés à chasser le grand gibier) et un grand amateur de chasse au vol.

DE L'ORDRE DU LÉVRIER À L'ORDRE DE SAINT-HUBERT

Loyal, vaillant, généreux, en armure étincelante, coiffé d'un heaume et monté sur son puissant destrier : l'image du chevalier « sans peur et sans reproche » se répand en Europe pendant le Moyen Âge. Néanmoins, après les batailles de Crécy (1346), de Poitiers (1356) et d'Azincourt (1415), le prestige des chevaliers français a pris un coup. L'objectif de ces ordres chevaleresques créés aux XIVe et XVe siècles – celui de la Toison d'or (fondé en 1429) ou celui de la Jarretière (1348) font partie des plus connus – était donc de rafraîchir cette image ternie.

En 1416 fut créé par Louis Ier cardinal-duc de Bar (1370 ?-1430) la Compagnie du Lévrier blanc (ou « de la Fidélité[100] »), un ordre de chevalerie dont le but était de maintenir la paix dans le duché de Bar. L'élite de la noblesse lorraine – soit une quarantaine de gentilshommes – s'engagea, par ce pacte solennel, à se secourir et s'entraider. Leur insigne représentait un lévrier blanc sur le collier duquel était marquée cette devise : *Tout ung*[101]. Tous les membres l'arboraient. Instauré pour cinq ans, l'ordre du Lévrier fut maintenu (et il subsistera pendant près de cinq siècles, même après que la Lorraine et le Bar furent cédés à la France), mais il fut placé sous la protection de saint Hubert, le patron des chasseurs. Le lévrier blanc fut donc remplacé par une image dorée du saint, qu'on

100. E.A. Bégin, *Histoire des duchés de Lorraine et de Bar et des trois évêchés*, vol. I, p. 257, Chez Vidart et Julien libraires, Nancy, 1833.

101. Ung, du latin *unus*.

portait pendante sur la poitrine et cousue à l'habit[102]. Une fois par an, l'ordre avait coutume d'organiser une chasse au... lévrier.

La légende de Saint Hubert, patron des chasseurs

C'est l'histoire mystique d'Hubert, arrière-petit-fils de Clovis et fils de Bertrand duc d'Aquitaine, qui vivait au VIIe siècle à la cour de Pépin de Herstal, maire du palais d'Austrasie. Hubert passait le plus clair de son temps à chasser dans la forêt ardennaise qui regorgeait alors d'animaux : sangliers, cerfs, ours, loups..., pour ne citer que le gros gibier. Ses lévriers étaient parmi les plus rapides, ses griffons poilus et ses mâtins imposants ne faisaient pas pitié à voir, et leur dressage à tous était remarquable.

On raconte que lors d'une partie de chasse hivernale, le jour même de la naissance de Jésus, un grand cerf blanc lui apparut entre les halliers. Hubert se lança sans hésiter à sa poursuite et s'enfonça dans la forêt. Mais, tout d'un coup,

...

102. [Anonyme], *Codes des ordres de chevalerie du royaume, dédié au roi*, Éditions Lacour, 2012 (édition originale : Belin-LePrieur & Delaunay, Paris, 1819).

...
il eut une vision : la Croix du Christ brillait de mille feux entre les bois du cerf[103] tandis qu'une voix puissante se faisait entendre.

L'appelant par son prénom, elle lui reprocha sa passion pour la chasse qui le faisait négliger le salut de son âme et lui recommanda de se rendre à Maastricht auprès de l'évêque Lambert. Hubert se convertit et sa vie en fut transformée.

Quant au chien de Saint-Hubert, le folklore veut qu'il ait été élevé par le saint lui-même, puis les moines auraient développé son élevage. Traqueur de gibier sans pareil (sanglier, cerf...), doté d'un flair fin, noble - on trouve une belle description de la race dans le traité de Gaston Phébus (voir l'encadré). Après la Révolution, ce chien avait disparu de France, puis il y fut réintroduit *via* l'Angleterre au XIXe siècle.

Mentionnons, enfin, que la fête de la Saint-Hubert a lieu le 3 novembre et qu'une bénédiction traditionnelle des chiens a lieu ce jour-là à Tervuren.

---

103. Michel Pastoureau (*Une histoire symbolique du Moyen Âge occidental*) souligne la dimension chrétienne de la chasse au cerf, ce dernier étant un animal christologique, à la différence du sanglier vu comme un animal diabolique.

LES PARTIES DE CHASSE DE LOUIS XI

Louis XI (1423-1483) aimait les chiens immodérément, et il les collectionnait : des alans ou des grands dogues (pour la chasse au gros gibier) venus d'Espagne, des lévriers et des épagneuls de Bretagne, et jusqu'aux petits chiens de Chio, offerts par le duc de Milan..., dont il prenait grand soin. Pour leur santé, il faisait pratiquer des lavements, leur administrait des poudres selon les livres de médecine de la bibliothèque royale, et allait même jusqu'à apporter des offrandes au sanctuaire de Saint-Hubert. Parmi ses favoris : Cher-Ami, au collier serti de perles et de rubis, ou bien Artus, Paris, Beauvoisin, dont les laisses étaient en laine et les colliers en cuir de Lombardie parés de clous dorés. Le plus célèbre, néanmoins, était Souillard, un chien de chasse blanc (chien de Saint-Hubert, voir l'encadré) que Louis XI avait reçu en cadeau d'un petit gentilhomme. Le roi l'offrit, à son tour, à sa fille, Anne de Beaujeu, sur la demande du sénéchal de Toulouse, Gaston de Lyon (!). Précisons au passage que Souillard donna naissance à une race de chiens blancs greffiers, mais celle-ci s'éteignit malheureusement au début du règne de Louis XIV.

Tous les chroniqueurs de l'époque mentionnent la chasse comme passe-temps préféré du roi. Celui-ci délaisse des affaires importantes pour s'y adonner, et on note même quelques débordements pour le moins curieux, ainsi qu'un accident qui faillit lui coûter la vie : en 1472, dans le bois de Malboire, Louis XI poursuivait avec sa meute de chiens un grand sanglier, sans parvenir à le capturer. L'animal traqué, déchaîné, se retourna alors contre le cavalier et le fit tomber de sa monture en le blessant gravement. Une chapelle fut d'ailleurs érigée sur les lieux de cet accident par le « fortuné » roi pour remercier la Providence de l'avoir laissé en vie.

Enfin, vers la fin de sa vie, Louis XI n'arrivait plus à monter à cheval, la chasse était donc terminée pour lui. Mais le roi ne pouvait s'y résigner, il ne pouvait renoncer à sa passion cynégétique. Par jalousie, il en limita alors le droit à son entourage. Mais même cela ne lui suffisait pas. En dernière ressource, il finit par se faire livrer des rats et des souris vivants dans sa chambre et il les chassait vaillamment à l'aide de chiens[104].

104. Thomas Basin, *Histoire de Louis XI*, tome III, p. 289.

Les vingt-quatre chiens d'Anne de Bretagne

Anne de Bretagne – deux fois reine de France (épouse de Charles VIII, puis de Louis XII – aimait la nature et les animaux depuis son enfance heureuse à Nantes. Elle chérissait, entre autres, vingt-quatre chiens, dont neuf lévriers de Basse Bretagne, aux colliers en velours noir ornés de quatre hermines[105].

Parfois, la reine participait aux côtés de Louis XII, grand chasseur, à la chasse au faucon (elle possédait aussi une belle volerie), mais aussi « à l'italienne » : les chiens faisaient lever le gibier d'abord, suivis ensuite par les veneurs à cheval avec, en croupe, le léopard dressé à cet exercice.

L'« EUROPE DES COURS » ET LA VÉNERIE À LA RENAISSANCE : DE FRANÇOIS IER À HENRI VIII

Puisque la chasse est le loisir préféré des rois, on ne s'étonnera pas que les châteaux aient été souvent bâtis à proximité des forêts giboyeuses. Ainsi, depuis

105. Geneviève-Morgane, Tanguy, *Les Jardins secrets d'Anne de Bretagne*, Éditions Fernand Lanore, Paris, 1991.

les terrasses de Chambord, on pouvait suivre les parties de chasse. À Fontainebleau – situé lui aussi en lisière d'un bois –, François Ier (1494-1547) avait fait construire un hôtel pour ses chiens : le Chenil. Ses préférés y logeaient : Belle Greffière, Gaillart, Gaillebaut, Rameau, Arbault, Gerfault, Aurora, Myrault, Réal…

On les appelait « grands chiens blancs du roi » ou encore « chiens greffiers ».

La chasse à courre du cerf, que François Ier préférait, devint alors le modèle même de la chasse royale, cette initiative étant développée par ses successeurs. À la Renaissance, la vénerie du cerf revendiquait donc les valeurs courtoises et un code d'honneur chevaleresque (loyauté au combat, respect du vaincu…) en vogue à la cour, et fut désormais associée au roi de France, car elle était peu – voire pas du tout – pratiquée dans les autres pays[106].

Il faut dire que l'exercice cynégétique qui passionnait tant ce roi chevalier se soldait parfois par des accidents plus ou moins sérieux : en 1518, François Ier resta pendant deux jours inconscient à la suite d'une chute lors d'une partie de chasse.

106. Guy de Laporte, *Chasse à courre, chasse de cour : fastes de la vénerie princière au temps des Condés et des Orléans, 1659-1910*, La Renaissance du livre, 2004.

De l'autre côté de la Manche, Henri VIII Tudor (1491-1547), un autre roi chasseur, chevalier brillant et prince cultivé, ne revenait jamais d'une partie de chasse sans avoir fatigué une dizaine de chevaux, dit-on…

La meute de la chasse fantastique de Thibault le tricheur

Dans le parc de Chambord s'élevait autrefois le maléfique manoir de Montfrault, demeure des comtes de Blois. Le bâtiment a disparu aujourd'hui, mais une légende nous est restée. Et elle refait surface les nuits brumeuses d'automne lorsque d'étranges bruits retentissent, mélange étrange de voix d'hommes, de hennissements de chevaux, d'aboiements de chiens… Il s'agirait d'une partie de chasse nocturne, celle menée par Thibault le Tricheur, comte de Blois, qui – apprend-on – fut puni après sa mort pour ses terribles crimes. Tel Tantale, mais à une autre échelle et dans un contexte différent, il est obligé de chasser éternellement le même cerf sans jamais s'en emparer. Les aboiements des chiens de la meute sont, paraît-il, si terribles à entendre qu'ils font se dresser les cheveux sur la tête de ceux qui se trouvent dans les parages…

Des chasseurs invisibles et des chiens fantômes auraient été signalés également dans les forêts de

…

...
Fontainebleau : aussi le bon roi Henri IV en 1598[107], courant le cerf sur la route de Moret, croisa-t-il le Grand Veneur et ses meutes dantesques. Tout comme Charles VI (1368-1422) avant lui, ou comme Louis XIV (1638-1715) bien après.

Par ailleurs, mentionnons que cette légende rejoint le thème de la chasse fantastique, très répandu dans le folklore européen : un chasseur maudit à la poursuite d'un gibier qu'il n'atteindra jamais...

LES CHIENS CHASSEURS DE CHARLES IX, ROI DE FRANCE

Charles IX (1550-1574) fut à la fois ami du genre canin et amateur de chasse. On connaît désormais le refrain, et cela deviendrait même un peu monotone à deux détails près...

Le premier : ce roi – fils d'Henri II et de Catherine de Médicis, petit-fils de François Ier – composa lui-même un traité sur la chasse au cerf, qui n'est pas dépourvu d'intérêt par la richesse de ses informations sur les

107. Abraham Gölnitz, *Ulysses Belgico-Gallicus*, Académie royale des Sciences, des Lettres et des Beaux-Arts de Belgique (BRUSSELS), 1863, p. 148-149.

chiens de cette époque. Pourtant, il vécut peu et eut un règne difficile (1560-1574). Sa fin, surtout, est digne d'une tragédie shakespearienne. Détesté de tous, incompris, inconnu, le roi fou était néanmoins un esprit vif, pragmatique, curieux, capable de parler architecture, théologie, art de la guerre avec aisance… Il avait ainsi entrepris de dicter cet ouvrage sur une activité qu'il connaissait bien, car il chassait un peu partout, d'Île-de-France à la Normandie, comme dans les forêts de la vallée de la Loire… Et il l'avait dédié à Charles de Jouvyn, seigneur de Mesnil, simple louvetier[108]. Cette dédicace révèle, par ailleurs, un aspect de sa personnalité moins connu : outre une honnêteté intellectuelle louable (le roi reconnaît humblement l'influence de Mesnil dans la conception du traité), Charles IX se montre à la fois attentionné et chaleureux, presque amical, envers le louvetier.

Le second : Pierre de Ronsard, membre de la Pléiade, mais aussi poète courtisan à la cour de Charles IX, était également chasseur à ses heures perdues. Les célèbres « soirées de Médan » étaient organisées, du moins au début, autour des parties de chasse. Que le lecteur ne s'y méprenne pas : bien avant d'être immortalisées par Zola et ses amis (Maupassant, Paul Alexis, Huysmans…),

---

108. Georges Bordonove, *Charles IX (1560-1574) : Hamlet couronné*, Paris, Éditions Pygmalion, coll. « Les rois qui ont fait la France », 2009.

les « soirées de Médan », au château éponyme, dans les Yvelines, racontaient déjà des aventures et entraient subtilement dans la littérature de la Renaissance.

Le chien dans L'héraldique

Le chien se retrouve aussi sur les blasons – emblème d'une famille – à côté d'objets ou de formes géométriques. Il symbolise des vertus tels le courage, la loyauté, l'amitié… On le représente le plus souvent de profil. Les races les plus reproduites en armoiries sont le lévrier (paré d'un collier avec un anneau) et le braque, selon les époques. Ainsi, le blason de Bruyant [Brien ?] des Isles, chevalier de la Table ronde, montre un chien blanc aux griffes rouges courant.

CAVALON, « PREMIER CHIEN » DE LOUIS XIII

À seulement 4 ans, le futur Louis XIII (1601-1643) possédait déjà une dizaine de bêtes, pour lesquelles il fonda une « Maison royale » en nommant son favori – Cavalon – « Premier Chien ». Parmi ces heureux sujets, il comptait Charbon – un lévrier nain noir offert par le duc de Longueville, son cousin – et Isabelle – une chienne d'Ostreland (!)... Celle-ci partageait sa chambre et dormait sous son lit. Sa passion pour ses chiens était telle qu'il connaissait leurs noms respectifs, ainsi que leurs éventuels problèmes, et sa préoccupation pour leur bien-être était sincère et constante. Avec ses chiens, que ce soit dans la galerie du château de Fontainebleau ou dans la salle de bal de celui de Saint-Germain-en-Laye – et même dans sa chambre –, le futur roi s'entraînait déjà à courir de petites proies. Rien d'étonnant donc à ce qu'à 9 ans il chassât trois fois par semaine et se révélât habile même devant le grand gibier, comme le sanglier sauvage.

Cet amour des chiens peut paraître paradoxal lorsqu'on connaît certains détails de sa biographie : s'il arrivait que le petit prince se fît mordre, ses parents prenaient systématiquement le parti du chien. Ainsi en 1608, dans les jardins de Fontainebleau, Soldat – un des chiens de son père – lui sauta dessus brusquement, en le surprenant. Apeuré, le Dauphin se mit à pleurer, et son père de lui reprocher sa... « faiblesse ». Une autre fois, ce fut Brigantin, le chien de sa mère, Marie de Médicis qui le blessa au visage. Mais, loin de se laisser attendrir par le chagrin de son enfant, celle-ci le disputa âprement, convaincue qu'il avait marché, par mégarde, sur la patte du chien.

L'épagneul Citron et la rancune tenace d'Agrippa d'Aubigné contre Henri IV

Compagnon d'armes, écuyer et même ami d'Henri de Navarre (le futur Henri IV), Agrippa d'Aubigné (1552-1630) finit par s'éloigner de lui. Protestant intransigeant, d'Aubigné n'avait jamais vu d'un bon œil le désir de conciliation de son ami et ne lui pardonna donc jamais sa « trahison ». Ses mémoires sont riches en sarcasmes à l'égard du Vert Galant, et le littérateur ne perdait pas une occasion de lui envoyer une pique. On se contentera d'évoquer ici un pamphlet célèbre qui a pour protagoniste… un chien.

En 1577 (l'année de la paix de Bergerac), le poète-soldat-courtisan déambulait dans Agen où il tomba par hasard sur un chien abandonné, dans lequel il reconnut Citron, l'épagneul du roi. Autrefois favorite de ce dernier, la pauvre bête errait actuellement affamée et en mauvais état.

Sans perdre son sang-froid, Agrippa la confia à une femme, mais il prit soin auparavant de lui faire

…

…
coudre sur le collier un sonnet mordant destiné au roi ingrat[109] :

Le fidèle Citron qui couchoit autrefois
Sur vostre lit sacré, couche ores sur la dure
[…] d'où vient donc qu'il endure
La faim, le froid, les coups, les desdains et l'injure,
Payment coustumier du service des Roys[110].

De quoi écorner l'image de ce roi qui vivait entouré de chiens. Mais si l'on confronte ceci avec d'autres informations sur les rapports qu'Henri IV entretenait avec les animaux en général et les chiens en particulier – notamment celles puisées dans le journal du médecin Jean Héroard –, la véracité de ce fait reste tout de même discutable.

On peut tenter une explication, au risque de nous répéter : d'un côté, la place appréciable du chien à la cour royale et la proximité qui en résultait ; de l'autre, le vide émotionnel et la solitude qui étaient le lot commun des enfants royaux. Et le petit Louis XIII n'échappait pas à la règle. Certes, il adorait son père,

109. *Apud* Maurice Daumas, *Des trésors d'amitié de la Renaissance aux Lumières*, Armand Colin, 2011.

110. Roger Grenier, *Les Larmes d'Ulysse*, Folio n° 3424, 2000.

il voulait lui plaire et lui ressembler en tout, mais il le perdit prématurément. Sa mère, elle, ne lui avait jamais montré son amour, ni le moindre signe de tendresse. Ses premiers amis semblent avoir été les chiens des gardes du palais...

Catherine de Médicis, une grande chasseresse devant l'éternel

Catherine de Médicis adorait la chasse et y participait souvent aux côtés de François Ier. Elle était, semble-t-il, à la tête d'une petite troupe de femmes de la cour qui suivaient les chasses à courre, faisant les délices du roi (et peut-être le désespoir des gentilshommes de la cour). On dit même que c'est elle qui, pour la première fois en France, était montée en amazone – position à la fois plus pratique et plus élégante.

LES CHASSES PRÉSIDENTIELLES

Reprenons depuis le début... de ce chapitre: en remontant le temps jusqu'à des époques reculées, les grands hommes ont été, à peu d'exceptions près, des chasseurs passionnés. En Europe, les princes chrétiens ont tous été veneurs. Plus proches de nous, les présidents de la Ve République semblent entretenir des rapports plus complexes avec la chasse. Néanmoins, ils se sont accordés sur un point : la chasse a été – et elle le reste toujours – un lieu du pouvoir.

De Gaulle assistait ainsi aux battues de Rambouillet, un des domaines des chasses présidentielles, mais sans tirer, même si dans sa jeunesse il avait participé à des parties cynégétiques dans les Ardennes. Il se plaçait – semble-t-il – derrière l'invité d'honneur et ne pouvait s'empêcher de commenter ironiquement les tirs ratés.

Georges Pompidou et Valéry Giscard d'Estaing, eux, se délectaient à prendre part régulièrement à cette activité. La chasse s'avérait d'ailleurs l'occasion parfaite pour des rencontres informelles. Giscard d'Estaing avait même la réputation de jalouser les autres chasseurs : il se réservait la meilleure place, lors des battues, afin de se donner la chance de réussir…

Mitterrand, quant à lui, n'aimait pas la chasse, mais il ne la supprima pas pour autant. Il nomma à la tête du comité des chasses présidentielles François de Grossouvre, son fidèle ami, grand collectionneur d'armes et chasseur chevronné. Les parties de chasse se poursuivaient donc et, en saison, les listes d'invités qu'on soumettait au Président affichaient du beau monde - mais assez discrètement il faut le dire, car, ne l'oublions pas, la chasse est une survivance de la monarchie qu'il n'est pas bon d'exhiber quand on est membre du PS...

CORBU, UN CHIEN COMMUNISTE QUI NE SAVAIT PAS CHASSER

Corbu[111], le labrador noir de Nicolae Ceauşescu, le président dictateur de la Roumanie communiste, menait une vie de... roi. Une voiture avec chauffeur était à sa disposition pour les déplacements quotidiens. On dit qu'il accompagnait son maître partout, tant aux manifestations festives et culturelles qu'aux manifestations « répressives » (ceux qui attendaient d'être reçus dans l'antichambre du *Conducător*[112] pour avoir désobéi aux directives du Parti se rappellent la présence inquiétante d'un et, parfois, de deux chiens). Ce fut, au départ, un cadeau de Sir David Steel, le leader du Parti libéral anglais. Par la suite, Şarona[113],

111. *Corbu* signifie « corbeau » en roumain, ce qui rend compte du noir profond du pelage de cet animal.

112. *Conducător* (roumain) « chef, dirigeant ».

113. Se prononce « Charona ».

un second labrador, femelle, avait été offert au couple Ceauşescu par la reine Élisabeth II.

Corbu participait aussi aux parties de chasse de son maître, mais son rôle ne devait pas être essentiel, car on relate cet épisode assez comique : un officier était chargé de le surveiller en permanence, or, profitant d'un moment d'inattention de celui-ci, le chien s'était échappé du véhicule tout-terrain et s'était précipité en direction du gibier (des cerfs) comme tout bon chien de chasse. Rien d'anormal jusqu'ici. L'idée que le chien présidentiel pourrait se faire tirer dessus par mégarde était néanmoins si effrayante (par la répression qu'elle allait entraîner de la part de Ceauşescu) qu'on alerta par radio tous les participants. Heureusement, le manque d'expérience de Corbu fit qu'il rentra de lui-même peu après ce tohu-bohu inimaginable. Courir dans la neige n'était plus sa tasse de thé depuis longtemps...

HISTOIRES DE CHATS ET DE CHIENS

CAPPARUS, UN VAILLANT GARDIEN DU TEMPLE D'ASKLÉPIOS (ESCULAPE) À ATHÈNES

Asklépios (que les Romains appelaient Esculape), le populaire dieu de la Médecine dans l'Antiquité, était honoré dans plusieurs temples vers le Ve siècle av. J.-C. : à Athènes, à Corinthe, à Pergame, à Épidaure - ce dernier sanctuaire étant sans doute le plus réputé. Cette divinité très appréciée par le peuple était le plus souvent figurée avec ses animaux favoris : le serpent, le coq et le chien.

Dans le temple d'Athènes, où se déroule l'épisode qui nous intéresse ici, des tableaux magnifiques représentant des cures et des remèdes ornaient les murs et de belles statues en ivoire étaient disposées à l'intérieur du sanctuaire, dont celle du dieu guérisseur. De riches offrandes (animaux, huiles parfumées...) y étaient aussi déposées. Un jour, plusieurs vases en or y furent dérobés, mais qui retrouvèrent vite leur place grâce au chien gardien du temple : Capparus était son nom. Celui-ci avait poursuivi le voleur sans relâche, et sa persévérance permit à ses maîtres de l'attraper.

« Cherchez le chien, le voleur et les objets volés ne seront pas loin. » Et ainsi, chien et objets précieux reprirent leur rôle et leur place dans le temple.

Cave canem[114]

L'avertissement « Chien méchant ! » qu'on lit parfois aujourd'hui sur la clôture des maisons puise son inspiration dans l'Antiquité romaine.

Au Ier siècle de notre ère, on mettait déjà en garde contre la possible dangerosité du chien présenté comme un protecteur des personnes et des biens. À l'époque, une mosaïque à l'entrée de la maison illustrait cette exhortation, comme celle retrouvée à Pompéi (dite « du Poète tragique ») qui montrait un chien noir en laisse – grandeur nature – montant fièrement la garde. Visiteur, méfiez-vous !

SOTER, « DÉFENSEUR ET SAUVEUR DE CORINTHE »

À Corinthe, une cinquantaine de chiens déployés parcouraient la grève, surveillaient et gardaient la citadelle. Une nuit sans lune, alors que la garnison

114. « Attention au chien ! » (en latin).

avait fait la fête et se trouvait plongée dans un profond sommeil, l'ennemi attaqua à l'improviste. Mais les chiens remplirent leur rôle : ils attaquèrent, arrachèrent, mordirent, déchiquetèrent… et tinrent tête aux assaillants du mieux qu'ils purent. Ce fut un carnage. Tous, ou presque, y laissèrent leur vie. Soter, le dernier chien survivant, courut en haletant et alerta la ville. Les soldats se mobilisèrent, l'ennemi fut repoussé. Lorsque la paix fut de retour, on édifia un monument à la mémoire des braves chiens qui avaient si bien honoré leur rôle de gardiens de la ville. Cela eut lieu au IVe siècle.

LES CHIENS DE GARDE DE SAINT-MALO

En 1155 fut instaurée à Saint-Malo une escouade de chiens de garde, composée de mastiffs (dogues anglais). À la nuit tombée, ils étaient relâchés, et alors, gare aux voleurs et aux pirates qui rôdaient autour du port. Tout était réglé pour que les habitants ne soient pas attaqués : après le couvre-feu au son de la cloche, on fermait soigneusement les portes de la ville, et ces chiens *faisaient le guet* sur la grève, au pied des remparts, jusqu'à potron-minet annoncé par le timbre éclatant d'une trompette. Rappelons au passage que le mot « guet » désignait autrefois la surveillance de nuit afin de maintenir l'ordre dans une ville.

Les Malouins payaient le droit de chiennage (ou « pain de chien »), un impôt qui servait à entretenir ces gardiens peu communs. Les mastiffs avaient assuré cette fonction pendant plus de six siècles, jusqu'en 1770, lorsqu'un malheureux accident eut lieu : dans la nuit du 4 au 5 mars, l'officier de marine Ansquer de Kerouartz, rentrant plus tard, après une rencontre amoureuse, se fit dévorer par la meute. On décida alors d'empoisonner les bêtes. Voici comment Chateaubriand (1769-1849) relate l'épisode dans ses *Mémoires d'outre-tombe* :

Les dogues furent condamnés à la peine capitale. On emprisonna les criminels ; l'un d'eux refusa de prendre la nourriture des mains de son gardien qui pleurait ; le noble animal se laissa mourir de faim : les chiens, comme les hommes, sont punis de leur fidélité[115] [...].

Ce ne fut pas, dit-on, le seul accident : une jeune femme était rentrée une fois de Saint-Servan un peu après le couvre-feu. Effrayée à l'idée de rencontrer les dogues, elle avait fait la promesse d'aller en pèlerinage à Saint-Jouan si elle leur échappait. Par miracle, les chiens ne lui firent aucun mal et elle put retrouver sa maison.

115. François-René de Chateaubriand, *Mémoires d'outre-tombe*, livre 1, chap. 4.

Les armoirie de Saint-Malo

Aujourd'hui, il ne reste plus grand-chose - à part le souvenir - de ces chiens gardiens. Dans la cité malouine, une rue et une place « du Guet » les rappellent encore. Et une chanson populaire y fait toujours allusion : *Bon voyage, Monsieur Dumollet*... Enfin, les nouvelles armoiries de Saint-Malo, adoptées en 1949, leur rendent hommage : deux dogues comme supports de l'écu...

Chien de garde *versus* chien de berger

On distinguait, au Moyen Âge, le chien de garde - au pelage noir, de préférence, pour effrayer le voleur - du chien de berger - au pelage blanc, afin de le différencier du loup. Le second était aussi plus agile, donc plus léger, ce qui n'était pas sans conséquence sur ses principales tâches à accomplir (guetter et courir), puisqu'il avait pour objectifs essentiels de chasser les loups et de défendre le troupeau. En revanche, le premier était plus posé et bien moins actif (du moins à première vue).

Buffon (1707-1788) avait fait l'éloge du chien de berger - appelé « chien de Brie » – pour sa capacité à faire régner « la sûreté, l'ordre et la discipline » dans la ferme.

LÉGENDE GASCONNE : ANGÉLINE, MI-FILLETTE MI-CHATTE

La Romieu, petit village du Nord gersois, a de quoi charmer le visiteur : sa collégiale, ses fortifications et, plus surprenant, sur les rebords des fenêtres, sur les murs, des statues de chats…

On raconte ainsi que vers 1330, vivaient dans le coin Vincent et Marinette, un couple jeune et heureux. La splendide collégiale qu'on admire aujourd'hui date d'ailleurs de cette époque. Ils avaient une petite fille qui se prénommait Angéline.

Mais le malheur arriva : Vincent, bûcheron de son état, mourut écrasé par un arbre. Marinette se laissa mourir de tristesse. Angéline, la petite fille, fut alors adoptée par une voisine. Il se trouve qu'Angéline adorait les chats et qu'elle en possédait quelques-uns, dont elle s'occupait avec beaucoup de tendresse.

Mais de 1342 à 1344, les récoltes ne furent pas bonnes. La famine et la détresse s'installèrent dans le village. Les villageois avaient si faim qu'ils décidèrent de manger les chats.

Les parents adoptifs permirent à Angéline de garder un chat et une chatte. Elle les cacha du mieux qu'elle put. Quand le village surmonta cette triste période et que les temps prospères furent de retour, un autre malheur menaça : les rats avaient proliféré et les récoltes précieuses étaient en danger. Heureusement, les chats d'Angéline avaient fait des petits dans leur cachette du grenier, et ce furent eux qui sauvèrent le village.

On raconte aussi qu'au fil du temps Angéline avait pris les traits d'un chat. Et qu'en son honneur, sur la place du village, trône aujourd'hui une étonnante statuette mi-fillette, mi-chat.

« HUMAIN, TROP HUMAIN » ET PARFOIS UN PEU OPPORTUNISTE SUR LES BORDS...

Chien prophète ou chien traître ?

Nous voilà en 1364, en Bretagne, lors de la bataille d'Auray. Une bataille décisive pour l'issue de ce que les historiens ont appelé la guerre de succession de Bretagne, ou encore la « guerre des deux Jeanne ». Elle avait commencé en 1341, à la mort du duc de Bretagne, Jean III. Celui-ci s'éteint sans descendance ni héritier désigné. La succession est alors revendiquée par deux prétendants : d'un côté, Charles de Blois, époux de Jeanne de Penthièvre, nièce de Jean III, soutenu par le roi de France, Philippe VI de Valois. De l'autre, Jean de Monfort (1294-1345[116]), demi-frère du même duc et époux de Jeanne de Flandre (dite aussi Jeanne la Flamme), appuyé, lui, par le roi Édouard III d'Angleterre.

Dans son *Histoire de Bretagne* (1582), Bertrand d'Argentré – historien et l'un des hommes les plus instruits de son époque – relate que peu de temps avant le combat, le lévrier blanc de Charles de Bois l'avait quitté pour rejoindre le camp ennemi. Ce comportement avait de quoi étonner de la part d'un chien. En outre, Charles de Bois, qui l'avait reçu de Jean III, ne s'en séparait jamais.

Ce « fait divers » est relayé par de nombreux chroniqueurs, et parfois embelli aux couleurs de la légende : les deux armées sont face à face, prêtes à s'affronter, et c'est là que Yoland (ou Mignon, selon les sources) s'élance, se faufile entre les flèches, disparaît un moment, puis réapparaît aux côtés de Montfort et pose ses pattes avant sur l'épaule de celui-ci…

---

116. Précisons qu'il meurt en 1345, mais son fils, appelé aussi Jean de Montfort (1339-1399), continuera son combat.

La bataille, corps à corps, fut cruelle, et l'on raconte que le chien précédait vaillamment chaque percée de Montfort, qui se montrait confiant en ses forces, car on lui avait prédit que ce lévrier blanc « n'appartiendrait jamais qu'au duc de Bretagne[117] ».

Mentionnons au passage que la Bibliothèque nationale de France conserve un précieux document enluminé du XVe siècle – *Compillation des Cronicques et ystores des Bretons, partie en III livretz,* par Pierre Le Baut – avec de grandes (et superbes) miniatures, parmi lesquelles celle illustrant précisément cet épisode : on y voit, à gauche, le grand lévrier blanc rejoindre Montfort, tandis qu'à droite de la page Charles de Blois et ses soldats désarçonnés sont livrés à une défaite inévitable.

117. Pitre-Chevalier, *Jeanne de Montfort (époque guerrière, 1342), règne de Philippe de Valois*, tome 1, Paris, Éditions W. Coquebert, 1840.

Les chasses celtiques

Dans un tombeau égyptien datant de 2 600 ans avant J.-C., on a découvert un chien au long museau pointu, aux oreilles droites, à la queue courte et aux jambes sveltes et élancées… C'est l'une des premières attestations concernant le lévrier.

Bien plus tard, Arrien[118], historien romain du IIe siècle, décrit les courses des lévriers organisées par les Gaulois, qu'il appelle des « chasses celtiques » : lancé à la poursuite d'un lièvre, le lévrier développait sa rapidité et son agilité. On rapporte que Cléopâtre avait offert à Jules César des spécimens nains de ces chiens déjà très prisés. On doit attendre encore quelque quatorze siècles pour que la race fasse son entrée dans l'iconographie chrétienne, avec Saint Louis qui en rapporta quelques représentants des croisades. C'est à partir de là que le lévrier incarnera l'idéal chevaleresque, et on le retrouvera alors dans les livres d'heures ainsi que dans de nombreux chefs-d'œuvre de la Renaissance.

118. Auteur notamment d'un ouvrage sur Alexandre le Grand, intitulé *Anabase d'Alexandre le Grand*.

En terre anglaise…

Mais avant de tirer des conclusions hâtives, penchons-nous sur une autre « trahison » canine qui avait eu lieu à peu près à la même époque, mais en terre anglaise : elle avait pour protagoniste un autre lévrier, qui, vous n'allez pas le croire, était blanc lui aussi.

Pour relater les faits, nous n'avons que l'embarras du choix entre l'Histoire, la *vraie*, et la célèbre pièce de théâtre d'un certain William Shakespeare. Malgré la tentation, tenons-nous-en plutôt à la première proposition, elle a déjà l'allure d'une fiction.

Le premier protagoniste, c'est Richard II[119] (1367-1400), dernier roi de la dynastie des Plantagenêts, petit-fils d'Édouard III (le vainqueur de Crécy, pour le situer) et fils du Prince Noir, Édouard de Woodstock. Il monte sur le trône à 11 ans et sera contraint d'abdiquer quand il aura 32 ans. Entre ces deux dates, moult choses se passèrent pour lui et son royaume : mariage[120], révolte paysanne, contestation

119. Sa mère était Jeanne de Kent (1328-1385).

120. Avec Isabelle de France, fille de Charles VI.

religieuse, guerre… L'épisode qui nous intéresse a eu lieu à la fin de son règne, lorsqu'il se retrouve enfermé dans le Flint Castle et livré à son rival, Henri de Bollingbroke, comte de Derby et duc de Lancastre (second protagoniste). Leur rencontre est consignée par Froissart dans ses *Chroniques* : les deux hommes se tenaient l'un devant l'autre dans la cour du château lorsque Math, le grand lévrier blanc du roi, quitte son maître et, s'approchant du duc de Lancastre, lui met ses pattes avant sur les épaules. Ce dernier ne cache pas son étonnement, et le roi de lui expliquer : « Le lévrier vous festoie et recueille aujourd'hui comme roi d'Angleterre que vous serez, et j'en serai déposé ; et le lévrier en a connoissance naturele[121]… » Comme on le voit, le comportement de Math ne déçoit pas le roi, comme on aurait pu s'y attendre. Il ne le juge même pas étrange, car il *sait*. Son rival, d'ailleurs, s'en va tout heureux en prenant le chien avec lui sans la moindre méfiance. Il deviendra roi d'Angleterre sous le nom d'Henri IV, tandis que Richard II mourra en captivité.

---

121. Jean Froissart, *Chroniques de Froissart*, tome XIV, Paris, Verdière libraire, 1826, p. 206.

Que faut-il en conclure ?

À la lumière de ce qui précède et connaissant le goût du Moyen Âge pour les symboles, nous voyons que le lévrier blanc, si fameux dans les annales bretonnes du XIVe siècle et dans d'autres chroniques de l'époque, joue un rôle de devin, de « chien prophète ». Pour Yoland, la prédiction de l'issue de la bataille d'Auray fut son dernier oracle, car il accompagna fidèlement son nouveau maître – qui se fit appeler Jean IV de Bretagne – jusqu'à la fin de ses jours. Quant à Math, son histoire est en tout point pareille à celle du lévrier breton : il fut dévoué au nouveau roi. Leur image est donc hautement symbolique : ils sont chargés d'un message et présentés en fonction de celui-ci. Là où nous sommes aujourd'hui tentés de voir un vilain acte d'opportunisme et de traîtrise, le Moyen Âge avait retenu un sens différent, peut-être plus riche, qui transcende en tout cas le contingent. Le lévrier blanc, doté d'un sixième sens – celui de reconnaître LE roi et, en quelque sorte, l'avenir –, vaut davantage comme messager que comme simple compagnon de l'homme.

Saint Guinefort, protecteur des enfants

La légende du chien qui combat le serpent ou un autre animal féroce pour défendre un nouveau-né remonte au Moyen Âge, et même au-delà. Au pays de Galles, il s'appelle Gelert et a vaincu un loup qui attentait à la vie d'un petit bébé. Dans nos contrées[122], c'est Guinefort, le saint lévrier. Un saint martyr, car le père du nourrisson sauvé (sire Villars, dans notre cas) le tue en se méprenant sur lui. Quand il comprend son erreur tragique, il est trop tard.

La fidélité et le courage du lévrier, ainsi que son martyre, le hissent au rang de saint protecteur et guérisseur des enfants.

SIR HARRY'S DOG

C'est l'histoire d'un dogue anglais qui montait la garde dans la maison de Sir Harry Lee, de Ditchley – le lieu de résidence des comtes de Litchfield. On ignore son nom, puisqu'il n'avait pas une place particulière dans la maison de son maître : c'était juste le chien qui la gardait, rien de plus. Mais – car il

122. Particulièrement dans la région Rhône-Alpes et dans les Dombes.

y a un « mais », vous l'aurez compris – un jour, ce chien changea de statut. Il accompagna un soir Sir Harry Lee dans sa chambre. Cela n'arrivait jamais, il faut le dire. Pourtant, ce soir-là, le dogue se cacha sous le lit et, on ne saurait l'expliquer, mais on ne le renvoya pas. Peut-être Sir Harry était-il fatigué, ou juste un peu distrait… Toujours est-il qu'un visiteur indésirable (et c'est le moins qu'on puisse dire) pénétra furtivement dans cette pièce. C'était le domestique qui avait décidé de tuer son maître et de lui prendre sa fortune. Seulement, caché dans l'obscurité, le grand chien ne dormait pas. Il jaillit comme une flèche… La suite, vous l'imaginez.

CHATS DE BIBLIOTHÈQUE

Nini, la coqueluche de Venise

Nini, le très beau chat blanc du signor Borgato, a vécu à la fin du XIXe siècle au Caffè dei Frari, à Venise. Il se rendait régulièrement à l'église dei Frari et aux Archives de la ville pour empêcher, entre deux siestes, les souris de dégrader les manuscrits. Ce matou était si connu que, dans le livre d'or de l'église, des messages le concernant portent la signature de nombreuses célébrités de l'époque : entre beaucoup d'autres, la reine Marguerite d'Italie, le pape Pie X, le chancelier Bismack, le tsar Alexandre III de Russie… et même le compositeur Giuseppe Verdi.

Mike, le chat de Londres

Arrivé à la British Library en 1908, quand il était encore un chaton, Mike s'accommoda vite aux lieux. Il aidait le gardien du musée dans ses tâches, mais surtout, il chassait les souris dans la section des antiquités égyptiennes ou éloignait les pigeons trop nombreux et encombrants dans le jardin. Puis, l'expérience aidant, il se mit à surveiller les visiteurs et il désignait les personnes suspectes par un miaulement dépité. Il a peut-être empêché ainsi le vol de certains livres.

En tout cas, sa rubrique nécrologique fut rédigée par Sir Ernest Wallis Budge, le grand égyptologue, en personne.

Smudge, le chat de Glasgow

En 1979, un beau chat noir et blanc répondant au nom de Smudge « travaillait » au People's Palace, musée ouvert en 1898 dans le magnifique parc de Glasgow Green en Écosse.

Il possédait bien évidemment sa propre carte de membre, en bonne et due forme. Par ailleurs, Smudge a servi de modèle aux céramistes pour confectionner des figurines qui se sont vendues comme de petits pains.

Les chats du musée de l'Ermitage

Environ 60 chats de toutes races montent la garde dans les sous-sols et les greniers du musée de l'Ermitage de Saint-Pétersbourg.

À l'origine, Pierre le Grand avait offert refuge à un chat qu'il avait reçu des Pays-Bas. Puis, sa fille, l'impératrice Elizaveta Petrovna, avait fait venir de Kazan les « meilleurs chats chasseurs de souris ». Dévorée par les habitants affamés lors du siège de Léningrad, la population féline du palais a été renouvelée à la fin des hostilités.

Ce sont pour la plupart des chats de gouttière à qui le personnel du musée a donné un nom en harmonie avec leur caractère. Chaque année en mars une grande fête leur est dédiée : c'est la célèbre Journée des chats.

Preuve de leur bon traitement, la route à proximité du musée a été spécialement aménagée avec des panneaux de signalisation pour que les automobilistes ralentissent et qu'ils redoublent d'attention.

Chats « de garde » au service de l'art, hautement qualifiés (chacun possède un passeport avec photo), les chats de l'Ermitage appartiennent désormais à la légende, et le palais ne peut plus se passer de ses sympathiques « collaborateurs ».

TRIXY, LA CHATTE DÉVOUÉE DE LA TOUR DE LONDRES

La réputation d'aventurier de Henry Wriothesley (1573-1624), troisième comte de Southampton, n'était plus à faire. Celle de sa générosité non plus (entre autres bonnes œuvres, le comte avait soutenu financièrement Shakespeare). Cependant, ce brave homme s'enflammait vite, et pas toujours pour des causes qui en valaient la peine. Et il lui arrivait aussi de prendre des risques inutiles… les occasions ne manquant pas, bien sûr. C'est un de ces risques inconsidérés qui le conduisit en prison, à la suite d'un complot contre la reine Élisabeth Ire, aux côtés du comte d'Essex. En 1601, voilà donc notre pauvre comte en train de purger sa peine dans une minuscule cellule froide et humide de la Tour de Londres…

La chatte Trixy fit alors son entrée en scène : l'absence de son maître commençant sérieusement à lui peser, elle prit son courage à quatre pattes et partit à sa recherche en quittant la somptueuse demeure. De ruelle en toiture et de toiture en ruelle, elle rejoignit le centre de Londres, puis parvint – instinct de chat à l'appui – à localiser son maître !

En passant par la cheminée, elle pénétra dans sa cellule ! Avec quelle joie ne fut-elle pas reçue par le comte ! Le plus surprenant arrive avec la suite de l'histoire : pendant deux années entières, Trixy partagea le quotidien de Henry Wriothesley en égayant le poids des longues et mornes journées de prison.

Et quand le décès d'Élisabeth Ire et la montée au trône de Jacques Ier permirent sa libération, le comte regagna son château avec sa fidèle compagne…

Extralucide le chat ?

Les chats sont très sensibles à l'environnement : odeurs, bruits, température… En 1976, à la veille du tremblement de terre au Frioul, en Italie, les chats du village ont tous quitté leurs maisons bien avant les premières secousses. Leur grande sensibilité les avait mis en garde contre l'imminence du séisme.

Trixy,
l'infiltrée de la prison de Londres

MOHILOFF, LE CARLIN RUSSE DU DUC D'ENGHIEN

C'est Charlotte de Rohan-Rochefort, son épouse, qui offrit Mohiloff au duc d'Enghien. Ce petit chien au pelage café au lait, au poil lisse et aux yeux globuleux à fleur de tête – selon les descriptions retrouvées[123] – n'était, certes, pas très beau mais il était fort dévoué. Soupçonné par Bonaparte, alors Premier consul, de comploter contre la République et contre lui-même afin de restaurer l'Ancien Régime, Louis Antoine Henri de Bourbon-Condé[124] se fit enlever à Ettenheim, dans le grand-duché de Bade, en Allemagne, dans la nuit du 15 mars 1804. Mohiloff suivit alors son maître, sans que ses ravisseurs s'en aperçoivent, jusqu'au bateau qui les attendait sur les rives du Rhin. Il sauta à bord, mais se fit repérer et rejeter à coups de bottes. Que nenni ! le brave chien ne se découragea point, mais traversa le Rhin à la nage, en suivant toujours l'embarcation. Une fois sur la terre ferme, il continua de suivre le convoi qui escortait le duc : à Strasbourg, d'abord, puis plus loin. Impressionnés peut-être, les gardes le laissèrent rejoindre son maître, qui

123. Notamment celle d'Henri Welshinger, *Le Duc d'Enghien : l'enlèvement d'Ettenheim et l'exécution de Vincennes, apud* Pierre-Antoine Bernheim, *La Vie des chiens célèbres*, Paris, Éditions Noêsis, 1997.

124. Louis Antoine Henri de Bourbon-Condé (1772-1804), duc d'Enghien, était le fils unique du dernier prince de Condé.

fut incarcéré au château de Vincennes. Et ces deux amis-là ne se séparèrent plus jusqu'au jour fatidique, le 21 mars, au petit matin : car le dernier Condé fut fusillé hâtivement dans les douves du château de Vincennes, puis jeté dans une fosse. Mohiloff, dont les cris plaintifs résonnaient en même temps que les pelletées de terre qui couvraient le corps du malheureux prince, ne fut pas remis à Charlotte. La femme du gouverneur Harel, ancien jacobin, présent à l'exécution, l'adopta, et il termina sa vie à Vincennes.

Aujourd'hui, le palais de Rohan, à Strasbourg, conserve encore le corps naturalisé du petit carlin.

LES CHATS DE L'OBSERVATOIRE DU MONT WASHINGTON

Le mont Washington (1 916 m), dans les montagnes Blanches, est le point le plus haut du nord-est des États-Unis. Les Amérindiens l'appellent joliment « la demeure du grand esprit ».

Le premier observatoire météorologique y a été construit en 1870. C'était l'ancêtre du service météorologique d'aujourd'hui, qui date de 1932.

Les chats ont accompagné les météorologues presque depuis le début : pour chasser les rongeurs, certes, mais aussi parce que, devenant leurs amis, ces braves gens ne pouvaient plus se passer d'eux.

Le chat météorologiste

Lorsque le chat cherche le feu – comprenez, lorsqu'il passe minutieusement en revue les points chauds de la maison – il annonce le mauvais temps : il fera plus froid dans les heures à venir…

Si le chat passe sa patte derrière son oreille, il va pleuvoir dans l'heure…

Enfin, vous pouvez préparer votre panier de pique-nique si votre chat dort d'un sommeil tranquille sans bouger d'un poil…

Parmi ces félins courageux, Jasper, un chat tigré gourmand, ou plutôt gourmet – il était grand amateur d'asperges –, y est resté pendant quatorze longues années. Le jour, il ronronnait paisiblement devant les vitres, tandis que dehors les vents violents faisaient rage, et il savourait nonchalamment son bol de lait. À la nuit tombante, il partait vaillamment à la chasse pour étaler son butin – impressionnant – au petit matin sur le pont de l'Observatoire et s'assurer l'estime des humains. Inga, la chatte star que les médias s'arrachaient, lui faisait certes un peu d'ombre… Son image était partout, des cartes postales aux aimants à coller sur le frigo. Mais Jasper, modeste et patient, n'en avait cure. Nin, le chat qui avait remplacé Inga en 1993, était - paraît-il - très photogénique, drôle, chaleureux… Mais ne le sont-ils pas tous, ces braves chats qui se relaient toujours au mont Washington ?

MISTER CHIPPY, LE CHAT EXPLORATEUR EN ANTARCTIQUE

Le 1er août 1914, *Endurance* quittait le port de Londres en direction du pôle Sud, pour une mission de recherche. Mister Chippy s'était glissé, quelques jours avant le départ, dans la caisse à outils du charpentier de l'expédition. Il fut néanmoins accueilli chaleureusement par les membres de l'équipage, qui comptaient sur lui pour venir à bout des rongeurs. Tout se passa très bien jusqu'au jour où le navire fut pris dans les glaces et finit par se briser. Se retrouvant désormais sur la glace, les membres de l'expédition devaient parcourir 350 miles à pied - leur seule chance de rester en vie étant de marcher. Le responsable, Ernest Shackleton, décida qu'ils ne pouvaient emporter que le strict minimum nécessaire à leur survie pendant cette marche forcée. Le pauvre Mister Chippy cessa de vivre le 29 octobre 1915. Trois mois et demi de marche plus tard, l'équipage fut secouru. Mais le charpentier du navire, McNeish, resta inconsolé de la perte de son chat. Depuis 2004, sur la tombe de ce maître malheureux, au cimetière de Karori dans le Wellington (Nouvelle-Zélande), repose un chat en bronze…

FELIX, LE CHAT PASSAGER DU *MAYFLOWER II*

Le *Mayflower* partait de Plymouth, en Angleterre, en septembre 1620. À bord, cent deux immigrants, dont les pieux Pères pèlerins qui fuyaient le régime de Jacques Ier. Ce furent eux les premiers colons, et les pèlerins sont considérés comme les pères fondateurs des futurs États-Unis. Des chats avaient embarqué à bord, et leur mission était celle de toujours : chasser les rongeurs et protéger ainsi les produits alimentaires transportés.

Sur le *Mayflower II* – qu'on construisit dans les années 1950, plus précisément en 1957, pour rappeler et consolider les liens entre la Grande-Bretagne et les États-Unis –, cette fois-ci, un chaton d'à peine quelques semaines, Felix, fit partie de la traversée. Il fit preuve de beaucoup de courage et affronta même quelques dangers, comme cette vague qui faillit l'emporter ou alors cette malheureuse chute dans laquelle il se brisa la patte. Mais tout est bien qui finit bien, et le petit moustachu arriva à bon port. Il fut adopté par un maître doux et aimant et mena une vie tranquille dans la région de Boston, et surtout il devint célèbre dès lors que Peter Arenstam[125] raconta ses aventures dans un livre pour enfants…

Le saviez-vous ?

En Écosse, jeter un chat à la mer entraîne le naufrage du navire.

WHOOPSY (JAZZ), LE PREMIER CHAT À TRAVERSER L'ATLANTIQUE À BORD D'UN DIRIGEABLE

Le chat tigré nommé Whoopsy fit partie des passagers du dirigeable britannique R 34 en partance d'Écosse (aérodrome d'East Fortune) le 6 juillet 1919.

125. Peter Arenstam, *Felix and His Mayflower II Adventures,* Plimoth Plantation, 2007.

En plus des vingt-six membres de l'équipage, quatre passagers (dont un clandestin) et notre sympathique félin firent partie du vol qui se proposait d'atteindre Long Island, en parcourant ainsi la bagatelle de 5 500 kilomètres. Après plus de cent heures de vol, ce fut chose accomplie. La présence à bord de Whoopsy fut bénéfique et appréciée à l'unanimité. Le chat devint d'ailleurs la mascotte de l'équipage.

NIGERAURAK, LA CHATTE EXPLORATRICE EN ARCTIQUE

En 1913, une expédition arctique canadienne à visée scientifique fut organisée par l'anthropologue Vilhjalmur Stefansson. Celui-ci avait passé plusieurs années à étudier la vie et la culture des Inuits et il désirait poursuivre ses recherches sur l'Arctique (le pôle Nord) en élargissant ses objectifs. Dix scientifiques, des Inuits, les marins commandés par Robert Bartlett, un charpentier et des animaux (des chiens et une chatte noire) ont donc embarqué à bord du *Karluk*, un brigantin qui avait servi auparavant comme baleinier.

Malheureusement, le navire fut coincé dans les glaces, puis dériva à travers la mer de Beaufort avant de couler. Les marins ainsi que les membres de l'expédition ont essayé de survivre, mais plus de la moitié périrent avant d'être secourus en septembre 1914.

Nigeraurak à la rescousse !

La petite chatte noire, Nigeraurak, fit partie des survivants grâce à la générosité des membres de l'équipage expéditionnaire, qui partageaient volontiers leur ration avec elle. En retour, elle leur donnait de l'espoir, de la joie et l'impression – ô combien agréable – d'être bien vivants. Ils ne perdaient vraiment pas au change !

Mais où cache-t-il sa boussole ?

Les chats sont très doués pour retrouver leur chemin. Qu'ils soient guidés par leur instinct de retour à un endroit qu'ils ont connu et aimé, ou leur singulier talent pour rechercher des lieux totalement inconnus afin de rejoindre leurs maîtres dont ils auraient été séparés… ces longs trajets sont difficiles à expliquer uniquement par une excellente mémoire visuelle ou olfactive, voire par une mémoire associative.

Les chercheurs pensent que les chats sont sensibles aux champs magnétiques terrestres. Comment sinon expliquer l'aventure de Sugar, le chat persan de la famille Stacy W. Woods, qui vivait en Californie ? Ses maîtres déménagèrent en Oklahoma et le laissèrent chez un ami. Mais leur surprise fut totale lorsque, quatorze mois plus tard, Sugar réapparut par la fenêtre de la cuisine… Après plus de 2 500 km parcourus pour les retrouver !

Des roues à chiens

Dans les clouteries des Ardennes, un petit chien actionnait les soufflets de forge, en marchant dans une roue creuse.

Dans le Jura, avant l'eau courante, on utilisait aussi des roues à chiens pour faire fonctionner les machines. Les animaux se relayaient toutes les heures.

Les roues à chiens

BALTO : JAMAIS FATIGUÉ, TOUJOURS PRÊT

Lieu : ville de Nome, en Alaska.

Date : fin janvier 1925.

Météo : tempêtes de neige.

Circonstances : une épidémie de diphtérie ; réserves de sérum insuffisantes. Urgence absolue.

Pour aller chercher le sérum salvateur à Anchorage, à plus de 1 500 kilomètres de Nome, il n'y avait pas trente-six solutions. Le transport par le train était possible jusqu'à Nenana (à près de 1 000 kilomètres !), mais pas au-delà. Les traîneaux à chiens étaient donc la seule solution pour acheminer les précieux flacons.

Gunnar Kaasen, un conducteur de traîneaux, se porta alors volontaire pour faire le trajet avec ses huskies. Son chien de tête était Balto. La course au sérum, à travers le blizzard, ne fut pas de tout repos. Quand Kaasen ne distinguait plus son chemin à cause de la tempête, c'était Balto qui dirigeait les opérations. Et il arriva merveilleusement bien à éviter les dangers sur le trajet : avalanches, lacs gelés... si bien que, le 2 février, l'équipage fut de retour à Nome avec les vaccins. Balto fut fêté et eut droit à un tour des États-Unis avec les autres huskies de l'expédition. On érigea même sa statue dans Central Park, à New York.

Balto, héros de Nome

Il monte la garde

Si vous voyagez en Écosse, et plus précisément à Édimbourg - ville des écrivains pour certains, ville des fantômes pour d'autres -, allez donc faire un tour dans le quartier du cimetière Greyfriar, dont on raconte qu'il est hanté. Vous y verrez, à un carrefour, la statue en bronze du chien Bobby, qui monte la garde et qui attend… Son histoire remonte à 1874, lorsque son maître quitta ce monde (et son chien par la même occasion) et fut mené dans ce cimetière. Bobby passa le restant de ses jours (soit 14 longues années) à veiller sur sa tombe, ne la quittant que pour aller manger dans le petit pub voisin, comme son maître et lui-même le faisaient autrefois ensemble.

LES CHIENS D'ATTELAGE ET LA CONQUÊTE DES PÔLES

Le Norvégien Roald Amundsen (1872-1928) - marin et explorateur des régions polaires - avait appris la conduite d'attelages de chiens de traîneaux auprès des Inuits. Lors de son voyage de 1903 à travers l'archipel Arctique du Canada, il fit la découverte du passage du Nord-Ouest reliant l'océan Atlantique et l'océan Pacifique, et il passa deux hivers parmi les esquimaux sur la côte de l'île du Roi-Guillaume, dans le nord-est du Groenland. Les connaissances acquises lui furent d'une grande aide lorsqu'il partit, en 1910, à la découverte du pôle Sud.

Le Britannique Robert F. Scott avait formé le même projet et il avait deux mois d'avance. La concurrence était rude. Le succès de l'expédition d'Amundsen résida notamment dans sa préparation minutieuse, méthodique : Scott avait choisi des poneys sibériens pour le transport, tandis qu'Amundsen avait opté pour des chiens de traîneaux. Ces derniers s'avérèrent plus résistants au froid et plus fiables. Quatre-vingt-dix-sept chiens du Groenland, attelage en tandem double, harnais d'Alaska, vêtements en fourrure et en peaux de phoque (comme ceux des Inuits), nourriture adaptée (conserves, lard, viande séchée, farine d'avoine, légumes...), organisation en deux groupes (« mer » et « terre »), rien n'avait été laissé au hasard.

Quelques-uns de ces chiens y laissèrent leur vie avant même que l'expédition ne commence : Thor et Lurven d'épuisement, huit autres en tombant dans une crevasse... On en sacrifia un, jugé trop vieux pour résister à l'effort. Puis, une fois la marche vers le pôle entamée, d'autres pertes canines s'ensuivirent : Neptune s'égara et ne fut jamais retrouvé ; Rotta, une femelle, retourna au bateau. Lorsque l'expédition franchit un cap important - celui du glacier Axel-

Heiberg –, Amundsen décida de sacrifier vingt-quatre chiens qui servirent de nourriture aux autres. Dans un silence de plomb, sous une neige qui tombait à gros flocons, les attelages continuaient d'avancer vers le pôle. Cible atteinte le 14 décembre 1911. Sur le chemin de retour, un chien épuisé fut abattu. Puis cinq autres subirent le même sort, pour alléger les traîneaux et faire gagner du temps...

À la fin, aucune perte de vie humaine dans l'équipage, mais seuls onze chiens rentrèrent vivants.

Nobile et Titina, survivants d'une expédition polaire difficile

Umberto Nobile (1885-1978), aviateur et explorateur italien célèbre pour avoir survolé le pôle Nord en dirigeable, en 1926.

Titina, son fox-terrier et compagnon à bord de ce dirigeable.

En 1928, une deuxième expédition polaire eut lieu à bord d'*Italia*. Maître et chien en faisaient, encore une fois, partie. Mais le dirigeable s'écrasa et plusieurs membres de l'équipage disparurent. Nobile et Titina avaient survécu au crash et embarquèrent, un mois plus tard, à bord d'un avion norvégien.

UNE CHIENNE DANS LES ÉTOILES : LAÏKA

Le 3 novembre 1957, Laïka – « l'aboyeuse » – partait pour un voyage dans les étoiles sans retour. Cette petite chienne de race laïka (chien de chasse sibérien), douce et obéissante, a été choisie pour un vol habité, à bord du satellite *Spoutnik II*, à la gloire de la révolution d'Octobre qui fêtait alors son 40e anniversaire. Dans la précipitation, on avait accepté que Laïka ne puisse être ramenée sur la Terre, tout en assurant que des dispositions avaient été prises pour faciliter sa fin de vie.

Les autorités de l'ancienne URSS avaient publié, pour l'occasion, des bulletins informatifs en apprenant à la communauté internationale que la chienne avait tenu sept jours et qu'elle s'était éteinte par manque d'oxygène, presque sans souffrir.

Cependant, en 2002, un scientifique moscovite avait reconnu, dans le cadre du *World Space Congress* (Houston), que Laïka avait succombé au bout de quelques heures de souffrance atroce due au stress, à la chaleur et à la déshydratation.

FÉLICETTE, LE PREMIER CHAT DANS L'ESPACE

Après la chienne Laïka (1957), de nombreux autres animaux ont joué les pionniers de la conquête spatiale, parmi lesquels le rat Hector (1961, France), le singe Ham (1961, États-Unis)...

En octobre 1963 ce fut au tour de Félicette, une magnifique chatte noir et blanc, de faire partie d'un vol spatial habité... Au départ, on avait sélectionné quatorze chats de gouttière et on leur avait fait subir de nombreux tests. Les tris successifs firent que deux seulement restèrent dans la course : Félix et Félicette ! Cependant, un peu avant le départ prévu, Félix se sauva laissant Félicette seule candidate pour le grand voyage.

Elle embarqua donc à bord d'une capsule sur la fusée Véronique et s'envola vers les étoiles. Le lancement eut lieu depuis une base française dans le Sahara algérien.

Félicette fut récupérée vivante après un vol d'environ dix minutes, contrôlé par le Centre d'enseignement et de recherches de médecine aéronautique (CERMA).

Félicette, départ imminent

CONCLUSION

L'histoire officielle est parfois exaspérante. Tout y est lisse, sans aspérités, accompli.

Alors, on se retrouve quelque part dehors, à admirer (ou à abhorrer) à travers une vitre froide tout ce monde figé pour l'éternité. Un vrai musée des figures de cire qui, somme toute, nous font un peu peur. Tout le monde y est héros (ou anti-héros), il n'y a guère de place pour les autres. Pour *nous* ! À l'opposé, le héros de ce petit livre n'est ni figé ni exaspérant (sauf parfois, je vous l'accorde), mais drôle, espiègle, vivant… Il jette une lumière nouvelle sur ce qu'on connaissait (ou croyait connaître). Et les figures de cire de s'animer en faisant de ces pages un kaléidoscope.

J'espère que vous avez passé un bon moment en le lisant. Autant que je l'ai fait moi en l'écrivant…

BIBLIOGRAPHIE

LES CHATS DE L'HISTOIRE

Le Petit Mourre, *Dictionnaire d'Histoire universelle*, Bordas, 2004.

Sa Majesté le Chat. Types, robes, races (textes de Marie-José COURREAU), Éditions Atlas, 2012.

AMODEO Fabio, *Le Chat. Art, histoire, symbolisme*, Éditions Robert Laffont, 1990.

BALDIN Damien, *Histoire des animaux domestiques, XIXe-XXe siècle*, Seuil, 2014.

BIENFAIT Bérangère, BULARD-CORDEAU Brigitte, PARENT Valérie, *Dictionnaire des chats illustrés à l'usage des maîtres cultivés*, tome 1, *Chats réels*, Honoré Champion, 2014.

BOBIS Laurence, *Une histoire du chat : de l'Antiquité à nos jours*, Seuil, coll. « Points Histoire », 2006.

CHATEAUBRIAND François René DE, *Mémoires d'outre-tombe*, tomes I et II, Le Livre de Poche, coll. « Classiques », 2001.

DELALEX Hélène, MARAL Alexandre, MILOVANOVIC Nicolas, *Marie-Antoinette*, Éditions du Chêne, 2013.

FRANK Anne, *Journal*, Livre de Poche, coll. « Littérature et documents », 2013.

FRASER Antonia, *Rois et reines d'Angleterre*, Tallandier, 1979.

GALIMARD-FLAVIGNY Bertrand, *Ceux qui ont fait la France : 200 personnages clés de l'histoire de France*, Leduc S. Éditions, 2012.

GROUSSET Alain, *Bêtes de guerre*, Flammarion Jeunesse, 2014.

MALRAUX, *Antimémoires*, Folio, 1972.

MAUDHUY Roger, *Les Chats et les Hommes. Une histoire extraordinaire*, Éditions Ouest-France, 2013.

O'MARA Lesley, *Les Chats : tout ce que vous avez toujours voulu savoir sur nos amis félins*, Éditions First, coll. « Pratique », 2005.

PASTOUREAU Michel, *Bestiaires du Moyen Âge*, Seuil, 2011.

POTTER Béatrix, *Tom Chaton*, Gallimard Jeunesse, coll. « La bibliothèque de Pierre Lapin », 2013.

SOLÉ Robert, *Bonaparte à la conquête de l'Égypte*, Seuil, coll. « Points Histoire », 2006.

SEMENUIK Nathalie, *Chat noir,* Rustica éditions, 2014.

VITOUX Frédéric, *Petit Dictionnaire amoureux des chats*, de l'Académie française, Plon/Fayard, 2008.

WALKER-MEIKLE Kathleen, *Chats du Moyen Âge*, Les Belles Lettres, 2011.

ZUFFI Stefano, *Les Chats dans l'art*, Éditions de La Martinière, 2007.

LES CHIENS DE L'HISTOIRE

Daniel ARASSE, *Histoires de peintures*, Éditions Denoël, 2004.

Antoine-Vincent ARNAULT, *Œuvres*, vol. 5, Paris, Bossange, 1827.

Elizabeth von ARNIM, *Tous les chiens de ma vie*, Éditions 10/18, 1999.

Catherine AUTHIER, *Femmes d'exception, femmes d'influence. Une histoire des courtisanes au XIXe siècle*, Armand Colin, 2015.

E.A. BÉGIN, *Histoire des duchés de Lorraine et de Bar et des trois évêchés*, vol. I, p. 257, chez Vidart et Julien libraires, Nancy, 1833.

Pierre-Antoine BERHEIM, *La Vie des chiens célèbres*, Éditions Noesis, 1997.

Daniel BERNARD, *Le Chien et l'Homme*, Éditions Ouest-France, 2014.

Vincent BERNARD, *Les grandes batailles de l'Histoire de France. Petit précis de 60 journées qui ont fait et défait la France*, Éditions Sud Ouest, 2014.

Rémy BETHMONT, *Histoire de Londres*, Tallandier, 2011.

Lucien-Jean BORD, Jean-Pierre MUGG, *La Chasse au Moyen Âge*, Paris, Éditions du Gerfaut, 2008.

J.-J. BOUCHER, *Le Prestige de Chambord*, Ed. Fernand Lanore, 1993.

Guy BRETON, Louis PAUWELS, *Histoires extraordinaires*, Albin Michel, 1980.

BUFFON, *Le Chien. Histoire naturelle* (1755), Gallimard, 1984.

Brigitte BULARD CORDEAU, *Le Chien dans l'Histoire. De l'Antiquité à nos jours*, Éditions Delville, 2005.

Dino BUZZATI, *Toutes ses nouvelles*, tome 1/1942-1966, Paris, Éditions Robert Laffont, 1960.

Dimitri CASALI, *Sexe et pouvoir : secrets d'alcôve, de César à DSK* (chapitre consacré à Louis XIV), Éditions de La Martinière, 2012.

Patrick CENDRIER, *Des chiens et des hommes*, Paris, Éditions Publibook, 2003.

M. t. CICÉRON, *Oraisons choisies de Cicéron*, tome 1, Paris, Auguste Delalain, 1808.

Gavin's CLEMENTE RUIZ, *Petite encyclopédie insolite des animaux*, City, 2010.

Philippe de COMMYNES, *Mémoires*, tome II, livre VI, Genève, Librairie Droz, 2007.

Boris CYRULNIK, Élisabeth de FONTENAY, Peter SINGER, *Les animaux aussi ont des droits*, Éditions du Seuil, 2013.

J. Caboche DEMERVILLE, *Les animaux célèbres, intelligents et curieux*, Paris, Librairie pittoresque de la Jeunesse.

André DEMONTOY, *Dictionnaire des chiens illustres. À l'usage des maîtres cultivés*, tome I, *Chiens réels*, Honoré Champion Éditeur, 2012.

Fédor DOSTOÏEVKI, *Souvenirs de la maison des morts,* Paris, 10/18, 1962.

Michel DUCHEIN, *Marie Stuart : la femme et le mythe*, Librairie Arthème Fayard, 1987.

Aristide FABRE, *À la gloire des bêtes*, Tours, A. Mame et Fils, 1913.

Jean FROISSART, *Chroniques de Froissart*, tome XIV, Paris, Verdière libraire, 1826.

H.-Georges GAIGNARD, *Connaître Saint-Malo*, Éditions Fernand Lanore, 1992.

Philippe de GAULLE, *De Gaulle, mon père, Entretiens avec Michel Tauriac*, Plon, 2014.

Ivan GOBRY, *12 reines d'Europe qui ont changé l'Histoire*, Pygmalion (Flammarion), 2013.

Abraham GÖLNITZ, *Ulysses Belgico-Gallicus*, Académie royale des Sciences, des Lettres et des Beaux-Arts de Belgique (BRUSSELS), 1863.

J.-J. JULAUD, *Histoires extraordinaires de chats et autres animaux*, Éditions First, 2015.

Guy de LAPORTE, *Chasse à courre, chasse de cour : fastes de la vénerie princière au temps des Condés et des Orléans, 1659-1910*, La Renaissance du livre, 2004.

Adolphe LASNIER (texte), P. MALHER (dessins), *Nos chiens sur le front*, Paris, Maison de l'édition, 1915.

Guillaume de LAVIGNE, *Les Chiens célèbres réels et fictifs (et les autres) dans l'art, la culture et l'Histoire*, Lulu.com, 2014.

Guillaume de LAVIGNE, *Le Chien de trait jadis et aujourd'hui,* Lulu.com, seconde édition augmentée et révisée, 2015.

Sylvie LE CLECH, *François Ier, le roi-chevalier*, Tallandier, coll. « Historia », 1999.

Dominique LESTEL, *L'animal est l'avenir de l'homme*, Fayard, 2010.

Emmanuel LEVINAS, « Nom d'un chien ou le droit naturel », *in Difficile Liberté*, 3e éd. revue et corrigée, Livre de poche, 1976.

Katharine MACDONOGH, *Histoire des animaux de cour*, Petite Bibliothèque Payot, 1999.

Frédéric MASSON, *Joséphine impératrice et reine* (10e édition), Paris, P. Ollendorff, 1905.

Nicolas MILANOVIC, *La princesse Palatine, protectrice des animaux*, Perrin, 2012.

Joanny MOULIN, *Victoria, reine d'un siècle* (biographie), Flammarion, 2011.

Michel ONFRAY, *Les Sagesses antiques*, Éditions Grasset & Fasquelle, 2006.

Michel PASTOUREAU, *Une histoire symbolique du Moyen Âge occidental*, Éditions du Seuil, 2004.

Agricol PERDIGUIER, *Le Livre du compagnonnage*, Première Partie, Paris, Pagnerre Éditeur, 1841.

Gaston PHÉBUS, *Le Livre de la chasse* (1387), Paris, Minerva, 1997.

Claude-Charles PIERQUIN DE GEMBLOUX, *Traité de la Folie des Animaux, de ses rapports avec celle de l'Homme et les législations actuelles*, I, Paris, Béchet, 1839.

PITRE-CHEVALIER, *Jeanne de Montfort (époque guerrière, 1342), règne de Philippe de Valois*, tome 1, Paris, Éditions W. Coquebert, 1840.

[PLINE], *Morceaux choisis extraits de l'Histoire naturelle de Pline*, tome I, par P.C.B. Guéroult, Paris, H. Nicolle, Imprimerie de Mame Frères, 1809.

[PLINE], *Histoire naturelle de Pline*, tome VI, trad. par M. Ajasson de Grandsagne, Bibliothèque latine-française. Collection des classiques latins, Paris, DCCCXXIX, C.L.F. Panckoucke Éditeur.

PLUTARQUE, *Vies des hommes illustres*, I, Paris, Charpentier, Libraire-Éditeur, 1853.

Raymond POINCARÉ, *Au service de la France. Neuf années de souvenir, L'Invasion 1914* (vol. VI), Nouveau Monde Éditions, 2012.

Jules RENARD, *Journal 1887-1910*, Robert Laffont, 1990.

François ROTHS, *Raymond Poincaré*, Librairie Arthème Fayard, 2000.

Pierre SAINTYVES, *Saint Christophe : successeur d'Anubis, d'Hermès et d'Héraclès*, Paris, Éditions Émile Nourry, 1936.

Thomas SMITH, *Le Cabinet du jeune naturaliste ou tableaux intéressants de l'histoire des animaux...*, tome second, Paris, Maradan, 1810.

J. de STAEHLIN, Louis Joseph RICHOU, *Anecdotes originales de Pierre le Grand : recueillies de la conversation de diverses personnes de distinction de S. Péterbourg & de Moscou*, Strasbourg, 1787.

Geneviève-Morgane TANGUY, *Les Jardins secrets d'Anne de Bretagne*, Éditions Fernand Lanore, Paris, 1991.

Jean TULARD, *Petit dictionnaire amoureux de Napoléon*, Plon, 2012.

Victoria VANNEAU, *Le Chien. Histoire d'un objet de compagnie*, Éditions Autrement, 2014.

Kate WILLIAMS, *Joséphine : désir et ambition*, Paris, Éditions Robert Laffont, 2015.

Jean WIRTH, *Les marges à drôleries des manuscrits gothiques* (1250-1350), Genève, Librairie Droz, 2008.

[Anonyme], *Codes des ordres de chevalerie du royaume, dédié au roi*, Éditions Lacour, 2012 (édition originale : Belin-LePrieur & Delaunay, Paris, 1819).

Baltique, Le gros secret. Mémoires du labrador de François Mitterand, propos recueillis par Patrick Rambaud, vétérinaire certifié de la jet-set animale, Calmann-Lévy, 1996.

SITES INTERNET ET RÉFÉRENCES ÉLECTRONIQUES

Marlène Albert-Llorca, « Le saint lévrier. Guinefort, guérisseur d'enfants depuis le XIIIe siècle », *Archives de sciences sociales des religions*, document 130.25, mis en ligne le 8 novembre 2013. URL: http://assr.revues.org/2848

Aurore Montesi, *La représentation du château de Chambord : imaginaire et réalité*, mémoire Littérature, 2012, document mis en ligne le 17 février 2015. URL: http://dumas.ccsd.cnrs.fr/dumas-01117807

Martine Hélène Fourmont, « PŒCILE », *Encyclopædia Universalis* [en ligne], consulté le 4 février 2016. URL: http://www.universalis.fr/encyclopedie/poecile/

http://theses.vet-alfort.fr/telecharger.php?id=1048

http://theses.vet-alfort.fr/telecharger.php?id=467

http://anne-de-bretagne.net/sites/default/files/fichiers/hd_notices_fr.pdf

http://renaissance.citystories.fr/fr/articles/1046-Chasse_16eme.html

www.herodote.net

www.histogames.com

https://scribium.com/maximilien-lormier/a/la-bataille-de-gaugameles-alexandre-le-grand-maitre-de-lasie/

http://gallica.bnf.fr/ark:/12148/btv1b8530342h/f529.item.r=manuscrit%208266.langFR.zoom

http://www.universalis.fr/encyclopedie/bataille-de-salamine/

http://www.forumromanum.org/literature/cicero/amic.html

http://www.revue-klesis.org/pdf/animalite01Vilmer.pdf

http://classes.bnf.fr/phebus/livre/index.htm

http://www.wat.tv/video/chiens-guerre-pacifique-2mx-wj_2fqwb_.html

Imprimé en Espagne

par Cayfosa

ISBN : 978 2 36075 543 1

Dépôt légal : Octobre 2017